丛书编委会

总　策　划：来新国　王文成
编委会主任：郭齐勇　周晓亮
编　　　委：来新国　陈知涯　张　彧　尹格韬　沈　众
　　　　　　王文成　孟淑贤　周长志　罗养毅　秦　丹
　　　　　　乌　琛

大家精要

程颢 程颐

潘富恩 著

陕西师范大学出版总社

图书代号：SK16N1468

图书在版编目（CIP）数据

程颢　程颐/潘富恩著.—西安：陕西师范大学出版总社有限公司，2017.1
（大家精要）
ISBN 978-7-5613-8831-0

Ⅰ.①程… Ⅱ.①潘… Ⅲ.①程颢（1032－1085）—传记 ②程颐（1033－1107）—传记 Ⅳ.①B244.6

中国版本图书馆CIP数据核字（2016）第321634号

程颢　程颐　CHENGHAO CHENGYI

潘富恩　著

责任编辑	宋媛媛
封面设计	张潇伊
出版发行	陕西师范大学出版总社
	（西安市长安南路199号　邮编710062）
网　址	http://www.snupg.com
印　制	三河市良远印务有限公司
开　本	660mm×980mm　1/16
印　张	10
字　数	100千
版　次	2017年1月第1版
印　次	2017年1月第1次印刷
书　号	ISBN 978-7-5613-8831-0
定　价	20.00元

读者购书、书店添货或发现印刷装订问题，请与本公司销售部联系、调换。
电话：（029）85303879　　传真：（029）85307864　85303629

目 录

第1章 程颢、程颐生平 / 001
  一、程颢生平 / 001
  二、程颐生平 / 007

第2章 二程理学的形成 / 018
  一、二程理学对儒学的继承和创新 / 018
  二、二程理学对佛、道思想的吸收 / 023

第3章 二程的哲学思想 / 028
  一、"天下只有一个理"的宇宙本体论 / 029
  二、"天理"与"人心"的主客观关系 / 037
  三、"格物穷理"的认识论方法 / 042
  四、"无独有对"的朴素辩证法思想 / 057
  五、"物极必反"是对面转化的简朴理论 / 064

第4章 二程的政治思想 / 068
  一、"古今异宜"的历史进化观 / 068

二、变革是大事，要因时制宜 / 074

三、由才德兼备的"贤能之士"在位掌权 / 084

四、治理社会"须立善法" / 090

第 5 章　二程的经济思想 / 096

一、"以食为本"，解决百姓的吃饭问题 / 096

二、"渔猎有节"，保护自然资源 / 100

三、发展农业，主张"耕者有其田" / 103

第 6 章　变化气质的道德修养论 / 111

一、"变化气质"说明人的禀性可移 / 112

二、"存天理，灭人欲"是二程伦理道德观的核心 / 114

第 7 章　二程的教育思想 / 122

一、读书为了明白道理 / 123

二、教育以培养有力人才为目的 / 129

三、对不同的教育对象要"因材施教" / 131

四、学习重在"自得" / 133

五、深思为学问之源 / 135

六、对佛教和道家思想的批判和汲取 / 139

结束语 / 145

附录

年谱 / 150

二程著作简介 / 153

第 1 章

程颢、程颐生平

程颢、程颐兄弟创建的学说，以"理"为其最高哲学范畴，故名"理学"。又因这一学说是程颢、程颐在洛阳从事学术活动时所创建，所以又称作"洛学"。

二程是理学的创建者。尔后，朱熹在二程理学的基础上，进一步完善了这一学说，最后形成了完整的程朱理学体系。这一体系一经形成，便成为中国封建社会后期的统治思想。它渗透到了社会生活的各个方面，影响巨大。

一、程颢生平

程颢，字伯淳，河南洛阳人。生于宋仁宗明道元年（1032），出身官宦世家。宋朝开国时，程颢的高祖程羽就受到宋太祖赵匡胤的重用。太祖去世后，程羽又受到太宗赵光义、真宗赵恒的重用，官至礼部尚书，赐第京师。程颢的曾祖程希振官至尚书虞部员外郎。祖父程遹赠开府仪同三司吏部尚书。父亲程珦，仁宗天圣年以世家子补郊社斋郎。他做了几十年的地方及中央官员，神宗熙宁年间致仕，封永年伯。程珦任黄陂（今湖北黄陂）县尉时，程颢就出生在父亲的任所。对于程颢的生平，我们从读书、为官和从事学术活动三个方面进行介绍。

读书明理

程颢很早就开始了读书认字。他少时运气好，有机会得到名师的指教。

程珦为虔州兴国县令时，结识了后来被人尊为道学开山之祖的周敦颐。此时，周敦颐年纪尚轻，任南安军司理参军，还没有名气。程珦与周敦颐相识后，对周敦颐的学识大加赞赏。这样，程珦便命程颢、程颐受学于周敦颐。当时程颢年仅十五六岁。

据有关资料记载，周敦颐教授二程近一年的时间。教授的内容是"孔颜乐处"，让二程寻求孔子、颜回之所乐，即安贫乐道之理。当时，周敦颐的学说尚未定型，故而，周敦颐所授还不是其学说的根本旨趣问题，而是一些学圣人、做圣人的一般道理。

但也有资料说，当时，二程"从汝南周茂叔问学，穷性命之理，率性会道，体道成德，出处孔、孟，从容不勉"，已经学得相当深了。

程颢还有一个独特的条件，就是他有张载这样一个亲戚。张载是二程的表叔，长程颢十二岁。张载是"关学"的创始人。尽管关于"关学"与"洛学"之间的关系问题，即哪家形成在先的问题人们有不同的说法，但二程当时处于学习阶段，张载已经成名，二程的思想不可能不受张载较大的影响这一点，是一个不可否认的事实。

为官政绩

仁宗嘉祐元年（1056），程颢二十五岁，学业有成，赴京应试。当时，程颢已经很有名望，京城诸生都自以为不及，"莫不登门拜访"。次年，程颢进士及第，同年中有张载、苏轼、苏辙、曾巩等。

嘉祐三年，程颢第一次授官，出任京兆府鄠县（今陕西户县北）主簿。在鄠县担任了几年主簿后，程颢奉调江宁府上元县主簿。程颢任上元县主簿不久，该县县令因事罢职，程颢遂代行县令之职。英宗治平元年（1064），程颢出任泽州晋城县令。程颢在鄠县、上元县和晋城等地为官，政绩显著，有了一些名气。有人想推荐程颢到朝廷做官，私下征求他的意见，问他想到哪个部门做什么官。程颢回答说："荐士当以才之所堪，不当问所欲。"

治平四年，程颢进京，任著作佐郎。当年英宗皇帝崩，神宗即位。神宗熙宁二年（1069），程颢三十七岁。由当时的御史中丞吕公著推荐，程颢被擢升为太子中允，权监察御史里行。这一年，程颢上了《论王霸札子》《论君道》《论十事札子》《论养贤札子》等疏奏。《论王霸札子》阐述王道和霸道的区别，提出"诚心而王则王矣，假之而霸则霸矣"的主张。《论君道》提出"君志先定"的论点，说"君志定而天下之治成矣"。《论十事札子》中，列师傅、六官、经界、乡党、贡士、兵役、民食、四民、山泽、分数十事，提出对十事"三代之治不可改，先王之法不可变"的论点。《论养贤札子》说的是得贤才治理天下的道理。

当年，王安石出任参知政事，推行新法。程颢对新法有非议，曾上《谏新法疏》。疏上，神宗没有理睬。程颢又上《再上疏》，要求停止新法，仍没有回应。程颢遂"合门待罪"，不视职事。这样，程颢被调为京西路同提点刑狱。程颢不就，改任佥书镇宁军节度判官。随后，程颢到澶州上任。

不久，程颢以侍奉父亲，与家人团聚为由，向朝廷提出辞职回洛阳的请求。他的要求获准。随后，程颢在洛阳闲居一年多。在这段时间内，程颢和文彦博、司马光、吕公著、邵雍等人关系密切，彼此之间常有诗文酬答。

后来，程颢被授予太常丞之职。这是一个掌管宗庙礼仪的职务。直到这时，程颢依然没有放弃对王安石新法的反对立场，又一次上疏神宗，要求取消新法。对此，神宗甚为不满，又将程颢太常丞之职罢掉，调放知扶沟县令。

不久，免扶沟县令，程颢奉命调任奉议郎。数月之后，奉议郎之职又被罢免。这样，程颢请求在洛阳附近安排一个职务，理由是父亲年纪大了，自己要尽人子之责。之后，被任命为汝州酒官。从此，他长期住在洛阳，广揽门徒，从事讲学活动。

元丰八年（1085），宋神宗死，程颢心情沉痛。他曾批评新法，触犯当权者，与他政见相同的同事几乎都遭贬谪，唯独他还被神宗保住官位，于此他仍认为神宗对他有"知遇之恩"，所以深切怀念神宗，哭泣不已。

神宗去世，哲宗赵煦即位。当时，哲宗才十二岁，朝政大权落于太皇太后高氏（宋英宗皇后）手中。高氏不赞成王安石变法，对新党亦无好感。此前因神宗在位，她不便说三道四。神宗死后，她垂帘听政，重新启用司马光、吕公著等旧臣。司马光上台后，排除新党人物，几乎废除了所有的新法。

这一重大变化是程颢梦寐以求的。然而，对司马光的极端举动，程颢却不以为然。他认为，新党变法固然有误，但也不能对他们一律采取排斥的态度。程颢内心深处对于新党人物是很反感的，他认为这些人皆为嗜利之徒，但他又认为这些人中不乏办事干练之才。对这些人，处理一定要讲究方式，绝不能鲁莽行事。程颢的基本思路是将新党中的可用之才仍然留在朝中，量才录用。同时，要用传统的政治主张去影响他们，由这些人去改变新法。否则，逞一时之快，把新党人物统统打倒，很容易酿成反复迫害、祸根四伏的局面，总有一天会出现唐朝牛、李党争那样的悲剧。

对于新法的处理，程颢也有看法。他认为，新法虽然需要废除，但对其中某些具体条款也要进行具体分析，不可一概废止。司马光没有采纳程颢的意见，但是他对程颢本人却十分器重。他一上台，立即想到了时为汝州酒官的程颢，擢升为宗正寺丞。只是，当时程颢已重病缠身，当年六月十五日即与世长辞。

学术活动

程颢年轻时就开始了学术活动。二十五岁时进京应试，他收了第一个学生——刘立之。当时刘立之七岁，后从学程颢三十年，登进士第。

二十七岁时，程颢与张载讨论人性问题，作《答横渠张子厚先生定性书》，这成为二程理学的重要文献。神宗熙宁五年（1072），二程的父亲程珦归朝，程颢遂在洛阳谋了一个闲职，一面侍奉父亲，一面讲学。他的学生刘立之记述说："先生以亲老，求为闲官，居洛阳殆十余年，与弟伊川先生讲学于家……士之从学者不绝于馆，有不远千里而至者。"

元丰二年（1079），吕大临来洛阳从学于程颢，他记述了程颢之所教：（1）"理"与"天理"："理则天下只是一个理，故推之四海而准。"（2）"识仁"："学者需先识仁。仁者，浑然与物同体。"（3）人性论："穷理尽性以至于命"；"事有善与恶，皆天理也"。

元丰四年，李端伯学于二程。程颢提出："道即性也。若道外寻性，性外寻道，便不是。"

元丰五年，刘绚来洛阳从学于程颢，记述了程颢讲授的重要思想："天地万物之理，无独必有对，皆自然而然，非有安排也"；"万物莫不有对，一阴一阳，一善一恶，阳长则阴消，善增则恶减"。

元丰六年，刘绚记述了当时程颢关于诸子学派的评论。程颢说："杨、墨之害，甚于申、韩；佛、老之害，甚于杨、墨。杨氏为我，疑于仁。墨氏兼爱，疑于义。申、韩则浅陋易见。故孟子只辟杨、墨，为其惑世之甚也。佛、老其言近理，又非杨、墨之比，此所以害尤甚。杨、墨之害，亦经孟子辟之，所以廓如也。"

从熙宁四年（1071）到元丰八年（1085）的十四年当中，程颢的主要精力从政治方面转向教育和学术方面。他以洛阳为基地，一方面对儒学进行总结、探讨、钻研、创新，另一方面教书育人，在长期的坚持中，开创了自己的学说。

元丰八年，程颢逝世，享年五十四岁。死后，赐纯公谥号，封河南伯。著名学者文彦博题其墓曰"明道先生"。他的弟弟程颐撰《明道先生墓表》，其中说，"生千四百年之后，得不传之学于遗经，志将以斯道觉斯民"，"圣人之道得先生而后明，为功大矣"。

二、程颐生平

求学

程颐比程颢小一岁，生于仁宗道明二年（1033）。与哥哥一样，程颐自幼聪慧，有教养，"幼有高识，非礼勿动"。十四岁时学于周敦颐。《河南程氏遗书》中说，二程兄弟"受学于周茂叔，每令寻仲尼、颜子乐处，所乐何事"。程颐自己说："某自十七八读《论语》，当时已晓文义，读之愈久，但觉意味深长。"

英宗治平三年（1066），吕公著上奏推举程颐，说他"洞明经术，通古今治乱之要，实有经世济物之才"，"使在朝廷，必有国器"。而程颐"自以为学不足，不愿仕也"。

仕途坎坷

程颐没有出仕之前，对当时的政治表现了异乎寻常的热情。他很注意观察社会，敏锐地察觉到了当时潜伏的巨大社会危机。皇祐二年（1050），十八岁的程颐以布衣身份上疏宋仁宗，说："方今之势，诚何异于抱火厝之积薪之下而寝其上，火未及然，因谓之安者乎？"疏中他向仁宗皇帝详细分析了国家所面临的严重形势，请求仁宗励精图治，改革弊政，同时希望仁宗能对他破格召对，给他以尽情陈述己见的机会。这份疏凝聚了程颐对解决当时社会问题的真知灼见，大胆揭露了当时社会的黑暗现实，提出了自己的改革方案。很难想象这份疏出于一位涉世未深的青年之手。这一方面显示了程颐高度敏感的政治眼光，同时也反映了他热切要求参与政治的迫切心情。

程颐上疏后，没有得到仁宗的批复，无法"罄陈所学"，只好再进太学重新学习。当时，主持太学的是著名学者胡瑗。有一天，胡瑗以"颜子所好何学"为题，科考诸太学生。程颐虽进太学不久，但在受教于周敦颐时，周敦颐曾让他与哥哥"寻仲尼、颜子乐处，所乐何事"。这样，程颐从容应答，分析了心、性、情三者之间的关系，提出了觉者"性其情"，愚者"情其性"的论点。胡瑗看到程颐答卷后"大惊异之"，赞赏备至，立即召见程颐，"处以学职"。

宋神宗在位的十七年中，程颐一直没有出仕。这一状况可能是出于以下两个原因：一是神宗在位时，起用的基本上是新党人物，为了和新党划清界限，程颐本人耻于与这些人为伍；另外是鉴于程颐的基本立场，新党对他顾忌甚深，将他排斥在政权之外。

司马光上台后，立即请程颐出仕，遂与吕公著联名推荐。元丰八年十一月，授程颐汝州团练推官，充西京国子监教授。这时，程颐已五十三岁。当时哲宗只有十二岁，为了预防皇帝长大之后走神宗的老路，旧党把教育哲宗的重任交给了程颐。

元祐元年（1086）闰二月，程颐至京师任秘书省校书郎，随即召对除通直郎充崇政殿说书。八月，又差兼判登闻鼓院。"崇政殿说书"这一职务并无实权，但是充任小皇帝的老师这一点，职责却非常之重。同时，能够天天与皇上见面，这一点也让许多人十分羡慕。

就程颐本人而言，三十五年前，他想见宋仁宗一面而不可得，现在俨然为帝王之师，这就已经令他兴奋不已了。

不过，在兴奋之余，程颐心中泛起一丝愁绪，教皇帝读书虽然荣耀无比，但毕竟不是轻松之事。为了做好这项工作，他在就任崇政殿说书之职以前，连上三道《论经筵札子》。疏中，他提出了几点设想。如果太皇太后能够同意他的几点设想，那么，他就责无旁贷，立即负起经筵之事，否则难以从命。程颐的设想是：（1）皇上年幼，以辅养为急，先生应陪侍皇上陈说道义，熏陶德性。（2）皇上的左右应选老成淳厚之人，皇上小有过失，他们可以随时规谏。同时，他们应该把皇上在宫中的行止告诉讲官，以便讲官讲书时有针对性地向皇上进行讲解。（3）请令讲官坐讲，以便培养皇上尊儒重道之心，寅畏祇惧之德。高氏答应了程颐的要求，程颐遂就任崇政殿说书。而实际上，程颐的第二项要求几乎全部落空，没有什么人向他报告皇帝的行止，这令程颐异常失望。

程颐为人本来就以端肃出名，现在更加不苟言笑。而他的这些个性特征，又引起了小皇帝的不快。有一次，程颐正在为哲宗讲经，小皇帝听得有点不耐烦，便起身折了一枝柳条。对此，程颐立即板起面孔，对哲宗加以训教，说："方春之时，不可无故摧折。"程颐这话说得不错，但对于小孩来说，方式未免欠妥，结果弄得小皇帝很不开心。

按照宋时惯例，暑伏期间皇帝暂时罢读。这主要是为皇上的健康着想。但对此，程颐颇不以为然。他认为，皇帝的健康是应加以注意，然而却不必罢读，讲书断不得，而应"移就一宽凉处"进行。这件事又弄得他和皇上双方不快——宫里没有人听他的，他感到不快；皇上知道大热的天先生还让他读书，也感到不满。

在此期间，程颐参与了修改太学章程的任务。程颐企图用新儒学即理学思想全面改造太学。这样，他提出的修改意见便有全盘否定原章程之嫌，这使原来主持太学的官员感到十分难堪。时为礼部尚书的胡宗愈不但以祖宗之法不可变为由，坚持一切照旧，而且有意将程颐驱逐出朝廷。

事情发展到宋哲宗疮疹事件时，已经变得无可挽回。有一次，轮到程颐为哲宗讲书，他得知哲宗患疮疹，已有好几天没有上朝问政。这时，程颐的牛脾气来了，他首先问责于宰臣：上不御殿，知否？曰：不知。程颐接着发挥：二圣临朝，上不御殿，太皇太后不当独坐。且人主有疾，而大臣不知，可乎？次日，宰臣以程颐之言奏请问疾，这无异于火上浇油。程颐的话不但太皇太后知道了，而且群臣也知道了，这首先引发众怒。谏议大夫孔文仲第一个发难，对程颐提出弹劾。

这时，程颐平常的一些言论和观点也被翻腾了出来。程颐平生不喜文学之士，认为诗词写得再多、再好，也无益于治邦安国，而那些所谓的妙词佳句，是一些没有实用价值的"闲言语"。他曾说："某素不作诗，亦非是禁止不作，但不欲为此闲言语，且如今言能诗无如杜甫，如云'穿花蛱蝶深深见，点水蜻蜓款款飞'，如此闲言语，道出做甚？某所以不常作诗。"

程颐对文学和文学之士的这种态度，曾引起某些文人的不快，这其中就有蜀党领袖苏轼。苏轼一向恃才傲物，即使像王安石这样的文学大家，他也不放在眼里，时有讥评之语。而对于程颐这样言必称孔孟，文章欠文采，行为又迂腐的道学家，哪能瞧得起？新党执政期间，双方都反对新党，彼此的分歧被掩盖。新党失势，原先的对手已不复存在，彼此便对立加剧。

元祐元年（1086），苏轼上疏参与弹劾程颐，在奏状中公然说："臣奏疾程颐之奸，未尝假以辞色。"其厌恶之情溢于言表。太皇太后对程颐已经大为不快，加上大臣纷纷上疏，要求将程颐逐出朝廷，程颐的命运就可想而知了。次年八月，程颐被赶出京师，命回洛阳为勾西京国子监，这相当于太学分校的管理官员。这次被贬，出乎程颐的意料。他不想赴西京国子监就职，曾几次上疏，要求还归田里，但他的请求最终都未获准，他只好勉强赴洛阳就职。

元祐五年五月，程颐的父亲程珦去世。程颐以父忧去官。元祐七年，程颐服丧期满，朝廷中曾打算让程颐回京。这时，又是苏轼出面上奏，说程颐进京，"恐不肯靖"。结果，授程颐判西京国子监。四月，程颐接到官诰，遂寄放河南府，上疏辞职，但未获准许，只好勉强就职。

元祐八年，太皇太后去世，旧派失去了政治靠山。新党对宋哲宗施加影响，以至于宋哲宗亲政后，表示要继承宋神宗的事业，改元绍圣。新党重新上台。新党援引旧党之例，把旧党纷纷赶下台，并且也不准他们的子弟入仕。有人弹劾程颐是司马光等人推荐得名，应列为奸党。于是程颐被削职为民，放归田里。

学术活动

程颐二十四岁时已经初露其思想锋芒。当时，他游学于著名学者胡瑗主持的太学。胡瑗以"颜子所好何学"为题让学生们作文。程颐在文章中说："君子之学，必先明诸心，知所养，然后力行以求至，所谓自明而诚也。故学必尽其心。尽其心，则知其性。知其性，反而诚之，圣人也。"又说："后人不达，以谓圣本生知，非学可至，而为学之道遂失。不求诸己而求诸外，以博闻强记、巧文丽辞为工，荣华其言，鲜有至于道者，则今之学与颜子所好异矣。"胡瑗看到程颐的文章后，"大惊，即延见，处以学职"。

在太学读书时，程颐与吕公著的儿子吕希哲邻桌。吕希哲比程颐小六岁。吕公著看到程颐很有才华，便让其子拜程颐为师。这是程颐收的第一个学生。以后吕希纯、杨应之相继拜程颐为师，从学者遂众。

宋英宗治平三年（1066），吕公著上疏推荐程颐，说"伏见南省进士程颐，年三十四，有特立之操，出群之姿。嘉祐四年，已舆殿试，自后绝意进取，往来太学，诸生愿得以从师。臣方领国子监，亲往敦请，卒不能屈。臣尝与之语，洞明经术，通古今治乱之要，实有经世济物之才，非同拘世曲儒，徒有偏长。使在朝廷，必为国器。伏望特以不次旌用。"吕公著是当时知名学者，这番话不应有什么过誉不实之词。

神宗熙宁二年（1069），程颐三十七岁，在汉州，与在京城的张载书信来往，讨论学问。为此，程颐有《答横渠先生书》《再答》。文中，程颐说："所论，以大概气象言之，则有苦心极力之象，而无宽裕温厚之气。非明睿所照，而考索至此，故意屡偏而言多窒，小出入时有之。更愿完养思虑，涵泳义理，他日自当条畅。"又说："有所事，乃有思也，无思则无所事矣。孟子之是言，方言养气之道如是，何遽及神乎？气完则理正，理正则不私。不私之至，则神。"这是程颐对张载修养论提出的看法。

熙宁五年，程颐回到洛阳。程颐访邵雍，与之论道。程颐指着面前的饭桌说："此桌安在地上，不知天地安在何处？"

熙宁九年，张载应诏赴京经过洛阳，与程颐晤谈。张载说："往终无补也，不如退而闲居，讲明道义，以资后学，犹之可也。"程颐道："何必然？义当往则往，义当来则来耳。"

元丰二年（1079），吕大临在扶沟见二程。吕大临记录说程颐有这样的话："一人之心即天地之心，一物之理即万物之理，一日之运即一岁之运"；"古不必验，今之所患，止患不得为，不患不能为"；"志道恳切，固是诚意；若迫切不中理，则反为不诚。盖实理中自有缓急，不容如是之迫，观天地之化乃可知"。

次年，程颐入关中讲学，行至雍、华间，作《雍行录》。讲学中，程颐提出了"不是天理，便是私欲""无人欲即皆天理"的论断。还提出了"敬只是主一""主一则只是中""只是内""存此，则自然天理明"的道德修养论。他对张载的一元论提出了批评，说："凡物之散，其气遂尽，无复归本原之理。"

元丰五年，程颐居洛阳讲学。文彦博以太尉复判河南府。

程颐上《上文潞公求龙门庵地小简》，要求将洛阳城南二十里处的龙门山胜善庵上方寺旧址拨给他，"欲得葺幽居于其上，为避暑著书之所"。文彦博复信，说："先生斯文己任，道尊海宇，著书立言，名重天下，从游之徒，归门甚盛。龙门久芜，虽然葺幽，岂能容之？吾伊阙南鸣皋镇，小庄一址，粮地十顷，谨奉构堂，以为著书讲道之所。不惟启后学之胜迹，亦当代斯文之美事。无为赐价，惟简是凭。"以后的伊皋书院就建立在这个小村。但是，文彦博的复简，现在见于河南嵩县程村二程祠内的石碑上，刻碑年代是"宋绍兴丙子正月"，署名是"伊川孙程晟复勒诸石于旌孝院以垂永久"。故其事的真实性待查。

宋哲宗元祐八年（1093），程颐已经有崇高的名望。当年五月，杨时、游酢求学于程颐，曾发生程门立雪的故事："游、杨初见伊川，伊川瞑目而坐，二子侍立。既觉，顾谓曰：'贤辈尚在乎？日既晚，且休矣。'及出门，门外之雪深一尺。"

绍圣二年（1095），政治上经过诸多周折后，程颐居洛阳，专心研究学问。当年，作《答杨时论西铭书》。刘元承作《伊川先生语录》，其中载：（1）关于仁。"问仁。曰：'此在诸公自思之，将圣贤所言仁处，类聚观之，体认出来。'""盖仁可以通上下言之，圣则其极也。圣人，人伦之至。伦，理也。既通人理之极，更不可以有加。若今人或一事是仁，亦可谓之仁，至于尽仁道，亦谓之仁，此通上下言之也。"（2）关于学习与修养。"或问：'进修之术何先？'曰：'莫先于正心诚意。诚意在致知，致知在格物。格，至也，如祖考来格之格。凡一物上有一理，须是穷致其理。穷理亦多端：或读书，讲明义理；或论古今人物，别其是非；或应接事物而处其当，皆穷理也。'或问：'格物须物物格之，还只格一物而万理皆知？'曰：'怎生便会该通？若只格一物便通众理，虽颜子亦不敢如此道。须是今日格一件，明日又格一件，积习既多，然后脱然自有贯通处。""涵养须用敬，进学则在致知。""观物理以察己，既能烛理，则无往而不识。""天下物皆可以理照，有物必有则，一物须有一理。""穷理尽性至命，只是一事。才穷理便尽性，才尽性便至命。"（3）关于心性情。"心即性也。""在天为命，在义为理，在人为性，主于身为心，其实一也。""有性便有情。""性即是理。"（4）关于史。"凡读史，不徒要记事迹，须要识治乱安危兴废存亡之理。且如读高帝一纪，便须识得汉家四百年终始治乱当如何，是亦学也。"（5）关于自然。"雹是阴阳相搏之气，乃是沴气。""盖是动极则阳生，自然之理。"

绍圣四年（1097），新党上台，司马光、吕公著等人遭贬，程颐被累，追毁出身以来文字，放归田里。元符二年（1099），程颐在涪州。元月，写成《周易程氏传》，并作《易传序》。《序》说："易，变易也，随时变易以从道也。其为书也，广大悉备，将以顺性命之理，通幽明之故，尽事物之情，而示开物成务之道也。"又说："至微者理也，至著者象也。体用一源，显微无间。"又作《易序》，说："《易》之为书，卦爻象象之义备，而天地万物之情见。"又说："散之在理，则有万殊；统之在道，则无二致。""太极者道也，两仪者阴阳也。阴阳，一道也。太极，无极也。万物之生，负阴而抱阳，莫不有太极，莫不有两仪，絪缊交感，变化不穷。"

元符三年，程颐回到洛阳。《尹和靖语》载："伊川自涪陵归，《易传》已成，未尝示人。门弟子请益有及《易》书者，方命小奴取书箧以出，身自发之，以示门弟子，非所请不敢多阅。一日出《易传序》示门弟子，先生（指尹和靖，下同）受之归，伏读数日后，见伊川。伊川问所见。先生曰：'某固欲有所问，然不敢发。'伊川曰：'何事也？'先生曰：'至微者理也，至著者象也。体用一源，显微无间。似太露天机也。'伊川叹美曰：'近日学者何尝及此？某亦不得已而言焉耳。'"

宋徽宗崇宁元年（1102），程颐七十岁。《杨遵道录伊川先生语》记程颐讲学内容：（1）关于理。"凡眼前无非是物，物物皆有理。如火之所以热，水之所以寒，至于君臣父子间皆是理。"（2）关于《易》。"《易》有百余家，难为遍观。如素未读，不晓文义，且须看王弼、胡先生、荆公三家。理会得文义，且要熟读，然后却有用心处。"又说："读《易》须先识卦体。如《乾》有元亨利贞四德，缺却一个，便不是《乾》，须要认得。""看《易》，且要知时。"（3）关于气与性。"性出于天，才出于气，气清则才清，气浊则才浊。"

当年，有张绎录程颐语录，主要内容有：（1）关于理气。"有理而后有象，有象而后有数。《易》因象以明理，由象以知数；得其义则象数在其中矣。"又道："理无形也，故因象以明理。"（2）关于性命。"理也，性也，命也，三者未尝有异。穷理则尽性，尽性则知天命矣。""天有是理，圣人循而行之，所谓道也。圣人本天，释氏本心。""忠，天道也。恕，人事也。忠为体，恕为用。""气有善不善，性则无不善也。人之所以不知善者，气昏而塞之耳。"（3）关于道心。"'人心惟危，道心惟微。'心，道之所在；微，道之体也。心与道，浑然一也。"

崇宁二年，程颐第二次被责令"禁学"，但他并没有中断学术活动，有更多的学子聚到他的身边。这期间，程颐研究的主要方向是"理"的普遍性问题。他得出结论："凡眼前无非是物，物物皆有理。"同时，程颐对儒家经典也进行了深入钻研，著有《论语解》《孟子解》《改正大学》《春秋传》《书传》《诗传》等。《周易程氏传》加上上述著作，构成了程颐完整的理学体系。

当时，程颐的学生已经遍布天下。据二程故里河南省嵩县二程祠《二程门人名录碑》所记，他们的弟子来自今河南、河北、山西、陕西、山东、四川、安徽、江苏、浙江、江西、福建诸省，达八十八人。

大观元年（1107），程颐病逝，享年七十五岁。当时党禁未除，程颐受"编管"，葬礼气氛颇为凄凉。

第 2 章

二程理学的形成

程颢、程颐的理学是在继承儒学的基础之上,经过理论创新而形成的。在其形成的过程中,又吸收了佛学和道家的诸多理论元素。

一、二程理学对儒学的继承和创新

儒学复兴运动对二程理学的催生

二程理学的形成,首先得益于中唐开始的儒学复兴运动。唐代中期的儒学复兴运动,是韩愈等人发起的。这一运动首先表现为复兴儒学的"道统"。韩愈说:"尧以是传之舜,舜以是传之禹,禹以是传之汤,汤以是传之文、武、周公,文、武、周公传之孔子,孔子传之孟轲。轲之死,不得其传焉。"

道统至孟子而断,一直到了中唐。韩愈看到了自己的历史使命,他说,天"如使兹人有知乎,非我其谁哉!其行道,其为书,其化今,其传后,必有在矣"。韩愈立下誓言:"孟子不能救之于未亡之前,而韩愈乃欲全之于已坏之后。"

道统之"道"是一种什么概念呢?韩愈解释说,"吾所谓道也,非向所谓老与佛之道也",而是孔孟之道。他说:"博爱之谓仁,行而宜之之谓义,由是而之焉之谓道。"

除道统论外,韩愈还强调正心有为,提倡道德的自我完善。对于孔孟之道,韩愈主张"以之为己,则顺而祥;以之为人,则爱而公;以之为心,则和而平;以之为天下国家,无所处而不当"。

为了履行自己的使命,韩愈写了《原道》等一系列复兴儒学的文章。由于种种原因,韩愈没有能够完成复兴儒学的历史使命,但他提倡复兴儒学的功绩是不可磨灭的。

到了宋初,儒学复兴运动的烈火重新燃起。重新点燃这一烈火的,是"宋初三先生"。

孙复(992~1057),最主要的理论是尊王明道。尊王是弘扬孔孟提出的纲常名教。孙复说:"君君、臣臣、父父、子子,邦国之大经也";"君不君,臣不臣,父不父,子不子,禽兽之道也,人理灭矣"。明道就是昌明正学,恢复孔孟之道的传统地位,而这与韩愈的道统论是一脉相承的。

石介(1005~1045),孙复的学生,他更明确地宣扬韩愈提出的道统论,积极主张恢复孔孟之道的至高无上地位。

对于孙复、石介在儒学复兴运动中的历史地位,后人评价说:"夫孔孟之道,闻于程朱;程朱之源,开于孙石。"

胡瑗(993~1059),对二程理学的形成则有更直接的影响。胡瑗提倡明体达用,倡导性命义理之学。什么是明体达用?胡瑗的一位学生总结老师的学说时说,圣人之道,"有体,有用,有文"。"君臣，父子，仁义礼乐，历世不可变者"，就是"体"。《诗》、《书》、史传子集，垂法后世者，就是"文"。"举而措之天下能润泽斯民，归于皇极者"，就是"用"。明体，就是突出"历世不可变"的纲常名教。达用，就是依据这些纲常名教的伦理道德、准则，加强自我修养，教化他人，达到治国平天下的最高目标。这就意味着，胡瑗既看重明体达用，又看重性命道德的品行修养。

"性命之学"自孟子之后很少有人提起。到中唐，韩愈提出"性三品"的主张，重张"性命之学"。到胡瑗时，这一理论得到更充分的阐述。而正是这一理论，为二程创新理学打开了新的门窗。

胡瑗说："若夫圣人之治天下，将禁民之邪，制民之欲，节民之情，止民之事，必于其利害未作，嗜欲未形，未为外物之所迁，而其心未动之前，先正其心，而不陷于邪恶。"

如此，胡瑗又阐明了"性"和"命"的关系问题，说："命者禀之于天，性者命之在我，在我者修之，禀之于天者顺之。"这里的"修"，就是以"正性"制"不正之性"，也就是"正其心"。胡瑗说："君子之人既能先复其性，邪恶不萌于心而善，道充积于内，以发于外，无有非妄之事矣。"

胡瑗这种"以仁为本，正心诚意"的理念，为二程理学的形成直接提供了核心的理论依据。

完成从孔孟儒学伦理道德向哲学本体化的转化

考察宋初二程所处的历史环境，以及二程理学哲学体系的形成过程，我们可以领悟到他们所负的历史使命，看明白他们完成这一历史使命的过程中的治学思路。

他们给自己规定的使命是：

第一，努力为儒家伦理学说寻求哲学依据，指明这一学说的合理性。

第二，努力阐明实践儒学的必要性。

第三，寻求这种实践的方法和途径。

他们的治学思路是：

第一，坚持"续绝学"的思想路线。关于"续绝学"的必要性，中唐时期的韩愈已经讲得很明白。到宋初，"三先生"继续为"续绝学"呐喊不止。孙复说："儒者之辱，始于战国，杨朱、墨翟乱之于前，申不害、韩非杂之于后。汉魏而下，则又甚焉。佛、老之徒，横于中国，彼以死生、祸福、虚无、报应为事，千万其端，惑我生民，绝灭仁义，以塞天下之耳；屏弃礼乐，以涂天下之目。天下之人，愚众贤寡，惧其死生祸福报应人之若彼也，莫不争举而竞趋之。"

石介说："孔子后，道屡塞，辟于孟子，而大明于吏部（韩愈）。道已大明矣，不生贤人可也，故自吏部三百年矣，不生贤人，若柳仲涂、孙汉公、张晦之、贾公疏，祖述吏部而师尊之，其智实降。"

孙复、石介讲这些话的用意，是把儒家以外的流派斥为异端，夺回儒家失去的独尊地位，即所谓"续绝学"。

到张载时，韩愈被排除于道统之外，张载自己要独撑大旗，明确提出"续绝学"的口号：为天地立心，为生民立命，为往圣继绝学，为万世开太平。

对于"续绝学"的问题，二程没有大声疾呼，而是在悄悄努力着。

第二，强调对孔孟经典的掌握和学习。程颢说，"欲趋道，舍儒者之学不可"，强调学者要以《论语》《孟子》《大学》《中庸》为读本。

第三，学习经典，重在义理。二程不赞成脱离微言大义的训诂。他们强调，"经所以载道也。咏其言辞，解其训诂，而不及道，乃无用之糟粕也"。

以上可以视为对孔孟之道的继承。其实际内容，是尊重孔孟的伦理道德。而创新自己的学说，要以此为基础。

二程治学思路的精彩部分，是之后的第二个层次和第三个层次，即所谓"识道"和"入道"。正是有了第二个层次，才有了学说的创新和发展。二程的理学就是完成从孔孟伦理道德理论到哲学本体化的过程。

二程一再强调，有关"天理"的问题，是他们自己悟出来的。其意在表明，"天理"的理念原本没有，是他们的创新。"仁"是儒学的核心，"理"是二程理学的核心。从原始儒学的"仁"，到二程理学的"理"，实质是由孔孟伦理道德向哲学本体化转化。

孔子所提出的"仁"内容很多，但一般认为孔子下面的这段话是关于"仁"这一概念最集中的阐述，它接近了"仁"的核心：

> 仁者，己欲立而立人，己欲达而达人。能近取譬，可谓仁之方也。

这里所说的"立"，通俗讲，就是指有成就，取得了一定的社会地位。"达"，则是具有一定的德性，取得了社会的承认。这样看,"己欲立而立人,己欲达而达人",是对人内心世界的一种道德要求。

正因为如此,孟子特别强调"仁"的内心基础,他认为"仁"是人的"不忍之心"发展的一种结果,或者说"仁"是人内心境界的一种自然反映。

二程的基本思路是:承认孔子、孟子关于"仁"的理论,但在这一理论的基础之上,对"仁"增加新的认识。程颢说:"学者须先识仁。仁者,浑然与物同体。义、礼、智、信皆仁也。"他又说:"仁者,以天地万物为一体,莫非己也。"这里,程颢已经把"仁"和"物"放在了"同体"的位置。

那么,如何认知"物"呢?二程首先指出:"万物皆只是一个天理。"接着又指出:"一物之理即万物之理。"

这表明,二程在继承孔孟"仁"的理论的基础之上,对"仁"进行了理论创新。"仁者,以天下万物为一体""万物皆只是一个天理""一物之理即万物之理"等等这些命题,实际上是将作为伦理道德范畴的"仁",升华到了哲学本体论的高度。

二、二程理学对佛、道思想的吸收

佛学传入中国后,对中国思想界产生了越来越大的影响,尤其对儒学的冲击最大。中唐,韩愈举道统大旗,对佛学发起了强大的攻势。宋初"三先生"对佛学的态度与韩愈相似。其后思想界的名家改变了对佛学的看法,他们更多地看到了佛学某些思想理论的积极意义,从而增强了学习、吸收的自觉性。

在这些思想家中，二程的表现最为突出。正是由于二程对佛学抱有这种态度，令他们受益匪浅。

隋唐时期，传入中国的佛学提出了"心性"学说，在中国哲学史上破天荒地第一次把"心"提高到了本体的高度，这是佛学在中国思想史上作出的巨大贡献。二程看到了这一点，他们在继承先秦儒学特别是孟子性善论的基础上，改造并吸收了佛学的心性理论，建立了自己的心性论。我们将佛学和二程理学关于本体论的论述作一对照，便不难看出二程对佛学改造、吸收的轨迹。

佛学：

　　世界无别法，唯是一心作。　　　　　　（智颛）
　　若欲觅佛，但识佛心众生，即能识佛，即缘有众生，离众生无佛心。　　　　　　　　　　（慧能）
　　一切万法，尽在身中，何不从于自心顿现真如本性……若识心见性，自成佛道。　　　　（慧能）

二程理学：

　　一人之心即天地之心，一物之理即万物之理。
　　只心便是天，尽之便知性，知性便知天……

慧能认为，个体的心，也就是宇宙的心。这个心不生不灭，或者说它本自无生，今亦无灭。二程则认为，宇宙万物只有一个天理，它就存在于人们的心中，这个最高的、永恒的精神存在，没有"存亡生灭"。

总之，佛学和二程都强调心是本体，即万物之本。二程除认为心就是性、心就是命外，还认为心就是理，即所谓"在天为命，在义为理，在人为性，主于身为心，其实一也"。可以看到，原作为佛学本体的"心"，成为二程理学的本体。

在认识论方面，二程对佛学的吸收同样有迹可循。如禅宗六祖慧能强调识心见性，自成佛道，说：

> 三世诸佛，十二部经，亦在人性中本自具有。不能自悟，须得善知识示道见性；若自悟者，不假外善知识。若取外求善知识，望得解脱，无有是处。识自心内善知识，即得解脱。若自心邪迷，妄念颠倒，外善知识即有教授，救不可得。汝若不得自悟，当起般若观照，刹那间，妄念俱灭，即是自真正善知识，一悟即知佛也。自性心地，以智惠观照，内外明彻，识自本心，若识本心，即是解脱，既得解脱，即是般若三昧。悟般若三昧，即是无念。

这段话的意思是，认识本体，只需"自悟"，不要"外求"。二程也是这样看问题的。程颢说：

> 只心便是天，尽之便知性，知性便知天，当处便认取，更不可外求。

道家思想对二程的影响也是明显的。道家把"道"视作自己理论体系中的最高范畴，视作万物之本。老子说：

> 有物混成，先天地生。寂兮寥兮，独立而不改，周行而不殆，可以为天地母。吾不知其名，强字之曰"道"，强为之名曰"大"。

这段话的意思是，有一种东西，浑然一体，它在天地万物生成之前就已经存在，它无声无形，循环往复，生生不息，永不衰竭；它本性自然，其功用是产生天地万物。这个东西就是"道"。

二程理学中的"理"与老子对"道"的论述极其相似。二程说：

> 生生之谓易，是天之所以为道也。天只是以生为道，继此生理者，即是善也。
>
> 一阴一阳之谓道，自然之道也。

"存天理，灭人欲"是二程理学体系的重要组成部分。这里的"存天理，灭人欲"首先继承于儒家。《礼记·乐记》说：

> 人生而静，天之性也；感于物而动，性之欲也。物至知知，然后好恶形焉。好恶无节于内，知诱于外，不能反躬，天理灭也。夫物之感人无穷，而人之好恶无节，则是物至而化物也。人化物也者，灭天理而穷人欲者也。

二程的"存天理，灭人欲"思想直接来源于此：

> 称性之善谓之道，道与性一也。以性之善如此，故谓之性善。
>
> 人之为不善，欲诱之也。诱之而弗知，则至于天理灭而不知反。
>
> 人心私欲，故危殆。道心天理，故精微。灭私欲则天理明矣。

二程"存天理，灭人欲"说受《老子》的影响也是明显的。老子说：

> 我无为，而民自化；我好静，而民自正；我无事，而民自富；我无欲，而民自朴。

老子主张无为、好静、无事、无欲，认为人对于物的欲望越多，引发的事端也就越多。老子认为，人的本性在孩童时期是清白的，随着年岁的增长，见识的增多，欲望也就多起来。这引发了许多的要求，从而带来许多纷争。为了消除这种人间苦恼，就应该返璞归真。人只有无欲、好静，方可保持朴实的人格。

在吸收佛学、道家思想的同时，二程对这些学说中与儒学原则相违背的部分曾进行了严肃批判。就是说，二程对于佛学和道家，是采取扬弃的态度的。

第3章

二程的哲学思想

　　程氏兄弟在许多哲学基本问题上观点高度一致，程颐本人也曾明确地说"我之道盖与明道同"，故而将二人的哲学思想统而论之也未尝不可。但必须说明，二程的哲学思想并不像二程的其他学说（如政治、经济、伦理、教育）那样完全一致。仔细地加以推敲，不难发现其间的差异毕竟还是存在的，尽管这种差异为他们的大同处所掩盖。

　　二程之间的这种差异对后世理学内部形成"理学""心学"两派起了相当重要的诱发作用。一般地说，以朱熹为首的"理学"派基本上继承了程颐思想，他们的许多重要哲学命题多发轫于程颐，当然他们也注意吸收了程颢的不少观点。以陆九渊为首的"心学"派则对程颢的哲学命题多有撷取，故而他们对程颐颇多微词，对程颢却比较推崇。陆九渊说："二程见茂叔（周敦颐）后，吟风弄月而归，有'吾与点也'之意，后来明道此意却存，伊川已失此意。"又说："元晦（朱熹）似伊川，钦夫（张栻）似明道，伊川蔽锢深，明道却疏通。"从这两段议论来看，至少在陆九渊眼中，二程是有区别的。陆九渊贬责程颐太封闭，却称颂程颢为人豁达。陆九渊对二程的这种不同态度，无疑是从其"心学"观点加以区分的。

二程的哲学思想区别在哪里呢？笔者认为主要表现在二人对天理所强调的侧重点不太一致，涉及认识论上，也有所差异。程颢、程颐都以理或天理作为自己哲学的最高范畴，宣称理或天理是世界的本原。但是程颢在论述天理时并不突出理的独立性和客观性，在多数场合下，理（天理）心合一，为己所有，表现了浓厚的以心为宗的倾向。而程颐则相当强调"理"的独立性和客观性，认为理存在于己之外，当然也有个别地方流露了理心合一的思想，但从整个体系看，是偏重于以理为主的。反映在认识论上，程颢的主线是"良知良能"，开陆王心学"致良知"说之先河。程颐的认识论是以"格物穷理"说贯穿始终，为朱熹所宗。总的说来，程颢和程颐之间的这些差别并没有形成明显的分歧。为了叙述上的方便，我们在剖析二程本体论和认识论时，有合有分，异则分，同则合。

一、"天下只有一个理"的宇宙本体论

在二程学说中，理或天理具有头等重要的地位，并贯穿于学说的始终。他们赋予理或天理的内涵也极其广泛，非一言所能蔽之，只有进行具体的分析，才能明了它们所具有的内涵。还要说明的是，在二程哲学里，还有一个与理或天理异名同实的哲学范畴"道"。程颐说："天有是理，圣人循而行之，所谓道也。"在许多地方，二程是将"理"和"道"交替使用，不加区分的。

首先，二程规定理或天理属第一性，它是物质世界的总根源。程颢说："万事皆出于理""万物皆备于我，不独人尔，物皆然，都自这里出去。只是物不能推，人则能推之"。程颐说："实有是理，乃有是物。有所从来，有以致之，物以致之，物之始也，有以从亡，有以丧之，物之终也……实有是理，始实有是物，实有是物，故实有是用，故实有是心，实有是心，故实有是事，是皆原始要终而言也。"

二程认为，有理才有物，才有事，才有用，世界上的一切事物都是从理"这里出去"的。天地间万事万物包括人类在内，都是理派生出来的。他们认为世界上的一切事物和现象都可以从理这里得到最为完满的准确的说明，所谓"天下物皆可以理照""照者，洞明也"。理成了二程解释世界的立足点，他们以理为核心，论述了理与气、理与象、道与器等一系列的基本问题。下面先分析二程的理气观。

"气"在二程的本体论中占有相当重要的地位，它是构成天地万物的原始材料。程颐曾提出"万物之始皆气化"的命题。他说："万物之始，皆气化既形，然后以形相禅，有形化，形化长，则气化渐消。"程颐认为世界上一切见诸形体的事物开始都是由气化生的，即所谓"万物之始，皆气化"。各种事物由气化生之后，就再也用不着气化，而是形形相禅，即形化，有了形化，气化就渐渐消失。他是这样推论的：原来世界上没有陨石，也没有麒麟，忽然世界上有了陨石、麒麟，究其原因就在于气化生了第一块陨石、第一只麒麟，于是陨石、麒麟从"无种"变为"有种"，生生不息。人类也是始有气化成形,从"无种"而"有种"而滋生繁殖的。

程颐的这种气化理论传播开以后,在当时引起了一定的反响,不少人当面质询程颐。为了自圆其说,他就作了些补充解释,认为人类最初由气化生,有了人类后,人却不再由气化生,此乃"种生者"。程颐为此举例说:"如人身上著新衣服,过几日,便有虮虱生其间,此气化也。气既化后,更不化,便以种生去,此理甚明。"

二程气化生万物的观点,受张载的气之学说影响很深。程氏兄弟和张载在气化万物的问题上并无重大分歧,所以二程说:"张兄言气,自有张兄作用,立标以明道。"然而,在张载那里,气是世界的最后本原,气之外再也不存在其他什么造物主了。气只有聚散,却没有生灭,是永恒的存在,所谓"死而不亡"。尽管二程也充分肯定了气在万物中的地位,认为它是构成具体事物不可缺少的原始材料,但是又认为气不是世界的最后本原,它是从属于理的。气本身和由它构成的具体事物一样,既有生也有灭。气之聚是生,气一散就丧失殆尽,不复存在了。至此,二程的气化万物说和张载气本体论终于分道扬镳了。

二程说构成事物的气是随着事物形体的散失而"遂尽"的,绝没有再复本归原的道理。整个天地如同一座硕大无比的熔炉,即使再坚固的东西也会被它销铄得干干净净,何况是既散之气,更不能再继续存在下去。程颐认为旧气灭亡了,新气又会由造化产生出来。他说:"天地之化,自然生生不穷,更何复资于既毙之形,将返之气,以为造化?"天地造化源源不断地产生新气来补充,代替原来的"既毙"之气。因而要构造其他的事物，造化就会以新气去构成，又何必用旧气呢？

"道则自然生万物。今夫春生夏长了一番，皆是道之生。后来生长，不可道却将既生之气，后来却要生长。道则自然生生不息。"这里说的"道则自然生万物"和前文"夫造化者，自是生气"是一回事。在二程本体论中，唯有理（或称为"道"）才是永恒的存在，它不像气和其他具体事物一样，有生成消亡的过程，而是无生无灭的。"理"不断产生新气，旧气不断死亡，这个过程不会中断，从而天地万物不断更新。

还应该指出，在二程哲学体系中，气并非只是以单一的物质概念出现，他们还提出了区别于一般物质意义的"真元之气"。程颐说，"人气之生，生于真元"，二程认为真元也是一种气，相当于前人所说的灵秀之所。人就是由这种气构成的，真元是气，但又不是一般的气。程颐说："真元之气，气之所由生，不与外气相杂，但以外气涵养而已。"显然，所谓"外气"是属于物质的范畴，那么，真元之气必是属精神性概念。

二程有时又赋予气以道德的概念。他们认为气是有喜怒之分、善恶之别的。有人曾经问程颐：人被雷打死到底是什么原因？程颐说被雷打死的一定不是好人，因为此人生前作恶多端，而产生一种恶气，恶气和天地之间的怒气"相击搏"而被震死。在程颐的思想里，这种恶气、怒气是作为有意志的表现而非作为物质概念来对待的。诚然，程颐的被雷打死的人必不是好人之说，是囿于民间传统迷信思想，并不科学。

二程和张载虽然都认为天地间不存在真正的"虚无"，然而张载主张"太虚即气"，而二程则主张"太虚即理"。他们之间的这种分歧，实际上是坚持以气还是以理为世界的本原的问题。二程不同意张载以气为本的说法，说："子厚以清虚一大名天道，是以器言，非形而上者。"二程认为张载既然把"清虚一大"规定为气，就只能是形而下之器，而不是形而上之道，这是不能将其规定为世界本原的，所以"立清虚一大为万物之源，恐未安"。他们认为世界的本原只有一个，那就是理，而不是气。由此可以清楚地看出在二程的本体论中，理是第一性的，而气是第二性的，理生气，气出于理。

至于理与象、数的关系。程颐在《答张闳中书》中说："来书云：《易》之义本起于数。谓义起于数则非也，有理而后有象，有象而后有数。《易》因象而明理，由象而知数。得其义，则象数在其中矣。"程颐认为因有无形的理，然后才有有形的象，有有形的象，才有数可数。在理、象、数三者之中，无形的理是最根本的，象和数都是由理派生出来的。理、象、数三者又是紧密联系结合在一起的，象、数离开了理，就失去了存在的依据；同样，理没有象、数也就无处显现，这是因为理是高度抽象的精神实体，它不具备任何可供辨认的特征，故而人的感官无法与之接触，必须通过有形的象才能"明"，方才能用语言表达出来。程颐说："理无形也，故因象以明理，理既见于辞矣，则可由辞以观象。故曰：得其义，则象数在其中矣。"程颐把理、象这种关系概括为八个字——"体用一源，显微无间"。理无形，因而至微，象有形，因而至著。至微的理是体，至著的象是用。至微之理和至著之象二者同出一源，密不可分，象由理生，理寓于象，理与象的关系实际上也是理与物的关系。"在理为幽，成象为明。知幽明之故，知理与物之所以然也。"意思是说理幽象明，知道了幽理和明象的关系，也就明确了理与物关系的"所以然"。理是体，物是用。理因物形而明，物因理故而生。理与物的关系也就是"体用一源，显微无间"的关系。

关于二程的道、器学说。程颐说："形而上为道，形而下为器，须著如此说。器亦道，道亦器，但得道在不系今与后、己与人。""形而上"和"形而下"本是《周易》系辞中的两个概念。"形而上"是指抽象的"道"，"形而下"是指具体事物"器"。在二程这里，"形而下"还包括构成天地万物的原始材料"气"，"有形总是气，无表只是道"，故而道和器的关系如同理与气的关系一样，无道则气无所本，无器则道不可见。道中孕育着器，器中寓着道，即所谓"器亦道，道亦器"。但是道与器的关系不是并列的，器离不开道，而道却可以离开器而独立存在，它是超时空的。

"道之外无物，物之外无道，是天地之间无适而非道也。"这是说天地之间，道无处不在，无时不有。没有任何事物可以脱离道的主宰和支配，同样也没有任何事物中没有道的存在。他们说："一阴一阳之谓道，道非阴阳也。所以一阴一阳道也，如一阖一辟谓之变""离了阴阳更无道，所以阴阳者是道也。阴阳，气也。气是形而下者，道是形而上者，形而上者则是密也"。

二程认为一阴一阳体现了道，但阴阳本身不是道，而是形而下（物质性）的气。同样，道虽要阴阳才能显著，而它本身不能归结为阴阳，是阴阳的"所以然"，即推动阴阳变化，促使阴阳发生作用的最终原因。很显然，在道与器、道与阴阳的关系中，二程所主张的是：道为第一性，器、阴阳为第二性。

二程认为理不仅是天地万物的总根源，而且又是天地万物的最高准则，它总摄着自然和社会的一切。

首先，二程认为"理"的存在是不以人的意志为转移的。"天地万物之理……皆自然而然，非有安排也。""理"是自然的客观存在，它绝不是什么天神或圣人将其创造或发明出来的，事实上也制造不出来。理本身没有意志，它依据自己的面貌永恒地存在着。"天理生生相续不息，无为故也。使竭智巧而为之，未有能不息也。"天理之所以是永恒的"相续不息"，就在于它不是出于神或人的有意安排，如果是出于有意安排，它是不会"不息"的；不是谁杜撰得出来的，凭人的意志"移易不得"，凡是遵循天理行事的必得成功。

二程认为每个事物都有自己的准则，这就是理。人们唯有严格按照事物的准则行动，方能取得事业的成功。程颐以远古史上鲧治水失败的教训和禹治水成功的经验为例证说："鲧堙洪水，无功，禹则导之而已。"从难度说，"堙"要比"导"难得多，但是治理泛滥的洪水只能根据水势加以疏导才行。禹是这样做的，既容易而又获得了成功。鲧不知道这个理，他不是因势利导，而是一味地死堵硬塞，即"堙"，结果力拙心劳，反而失败了。二程又举用马笼头、马缰绳来控制马的例子：马笼头是用来驾驭马的工具，而加在牛身上就没有这个必要。看上去，以马笼头制服马是人为的，但原因却在马身上，因为马性暴烈，非用马笼头不足以使之驯服，而牛性较温驯，也就不用马笼头，而用一根穿鼻的绳子就行了。

二程特别强调要顺理办事，"夫天地之道，至顺而已矣""物各付物，则是役物……有物必有则，须是止于事"。二程这里说的"顺理""物各付物",都含有按规律办事的因素,故而此时所说的"理",义近事物内部之规律。同时,二程还认为"理"是事物发展的这个"莫之为而为,莫之致而致"的说法,意思是说人在主观上不想这样做,而在行动上自然而然地这样做了;主观上不希望达到某一境界,却自然而然地达到了这一境界,这就是天理。程颐又说:天地万物之所以能够千变万化而毫不混乱,就是因为有其必然的趋势。任何事物之所以这样而不是那样,总是有它的所以然的,这个所以然就是理。他说:"凡眼前无非是物,物物皆有理。如火之所以热,水之所以寒。"

火热、水寒、天高、地深等都各有其内在的原因,这个原因就是理。但是,二程并没有就此止步,却又企图从各个具体事物的准则中抽象出共同的准则,从各个个别的规律中脱化出一般的规律。从人类认识发展史的角度说,二程的这一尝试是可贵的。限于当时的科学水平,尤其是二程的主要旨趣是为"君臣父子之理"寻找哲学依据,这就妨碍了他们本来可能达到的思想深度,导致他们简单而又武断地把具体事物之理夸张为天地之理,以个别规律代替一般规律,抹杀了两者的区别。二程公开宣称:"理则天下只是一个理,故推至四海而准,须是质诸天地,考诸三王不易之理。"在二程看来,理不只是具体事物的规律或原因,而且是天地万物的共同准则。然而这种绝对真理性质的"理"事实上是不存在的,它只能是程氏兄弟的虚构而已。

从天下只有一个理的前提出发,二程又进一步提出了"理一分殊"的命题。程颐说:"《中庸》始言一理,中散为万事,未复合为一理。"程颐说："散之在理，则有万殊；统之在道，则无二致。"

二程认为万物总有一理，万物又各有其理。"万物皆是一理，至如一物一事，虽小，皆有是理。"从每一具体事物上看，此物之理不同于彼物之理，万物确有"万殊"之区别，然而从理的角度去考察，天地万物之理只有一个，即所有的事物所具有的理都是相同的，"则无二致"，所以"一物之理即万物之理"。二程的这一观点为后来的朱熹所发挥。

二程认为理"恢然而广大，渊然而深奥""至大而无不包"。它不仅是自然界的最高准则，而且也是人类社会的最高准则，"礼即是理也"的命题集中反映了他们对这个问题的看法。二程强调指出，封建等级制度就是天理，对此应该顺而不违。"为君尽君道，为臣尽臣道，过此则无理。"因此，二程说的理既是抽象的，又是实实在在的；既是天地万物的总根源，又存在于一切事物之中；既是事物发展的趋势，又是事物存在的依据；既是自然界的最高准则，又是人类社会的最高准则。它总摄世界的一切，宇宙处于理的网罗之中。

二、"天理"与"人心"的主客观关系

在确定了"理"为世界本原的基础上，程颐提出了"天人本无二"的命题。他说："天人本无二，不必言合。"又说："天人无间断。"这里说的"天"是客观世界的统称，"人"是指主观自我。程颢认为客观和主观本来就没有区别，是一回事，故而没有必要说天与人合，因为一说到"合"，就意味着

天与人是两个不同的"本"物,而不是同为"一本"了。

程颢又说:程颐反对通常以心知天的说法,他认为这种说法实际上把心与天割裂开来"言作两处"了。其实心就是天,天就是心,因而以心知天的说法是不对的。由此可以看出,程颢所说的"天人合一"的思想实质是融客观和主观为一体,说白了,程颢认为"理"既在天上,同时又在人的心中,也就是"天理"便是"良心"。用他自己的话说就是"万物一体",它的理论依据是人和天地万物都是由理派生出来的,"所以谓万物一体者,皆有此理,只为从那里来"。理为人与物的总根源,人和物都是理的体现者,在这一点上人和万物是毫无区别的,所谓"故有道有理,天人一也,更不分别"。这样程颢就把世界的统一性安置于其精神实体的"理"之中。

程颢认为天人一本是很清楚的事。"若不一本,则安得先天而不违,后天而奉天时?"他说上面所引的这段文字,就是被后来理学家广泛称颂传播的《识仁篇》。所谓"识得此理",就是要真正弄清楚天人一本的来龙去脉,理解"万物一体"的内在联系,这是每个人都必须首先要解决的问题,也是为什么要强调"学者须先识仁"的原因。

何为仁?程颢认为"仁"的内容极其广泛,它是封建伦理道德的总称。义、礼、智、信都是仁的表现。"仁者,全体。四者,四支。仁,体也。义,宜也。礼,别也。智,知也。信,实也。"同时,仁义是理或道的别名。"孟子曰:仁也者,人也。合而言之,道也。"仁既然可以解释为人,自己亦为人,故而亦可换言之:仁者,己也。这样,"识仁"不仅要全面理解仁的内涵,尤其重要的是,要认清"仁"是自己所固有的道理，而不是从外面灌注进来的东西。因而，不必舍己到客观世界（外）中去穷索"仁"，而只要以"诚敬存"自己所固有的"仁"，就能达到"仁"的世界。程颢以为仁的道理极其简约，关键是自己能不能守住它。真正守住了仁，达到仁的境界的人是"仁者"，而"仁者"是和天地万物、封建伦理道德混为一体毫无间隔的。这样不必再提防自己的行为有悖于物之理，与礼相冲突，不必再处处检点自己的行为，因为自己已经达到完整的境界，还有什么失误可言呢？

这就是说如果不以"诚""敬"来固守自己的"仁"，尽管天地万物莫非己也，但也会觉得"不与己相干"。这种情况类似人的手脚患萎痹症，本来手脚是自己身体的有机组成部分，完全可以听凭自己的意志去行动而运用自如，然而一旦患有萎痹症，手脚摆动失灵，这时尽管手脚还在自己身上，但不听使唤，又有什么用呢？对这种无用手足也就无所谓爱惜了。

程颢的逻辑是：不仁，会连自己的四肢都"气已不贯，皆不属己"；"至仁"，就会以天地万物为一身。做到与万物一体，浑然无间，自然也就不会感觉有什么东西存在于"我"之外了，"天地之间，皆我之用"就是顺理成章的事情。这里说的"万物皆备于我"并不是说"我"真能把世界的一切集于己身，天地万物和人类社会的一切都是由于"我"的作用派生出来的，而是说"我"与万物在主观上浑然一体的精神境界，也就是程颢所说的"须是合内外之道，一天人，齐上下"。这意味着取消主观和客观的界限，融客观为主观。

程颢主张人应该随时检查自己是否真正具备这种精神境界，如果真有这种境界，就是最大的快乐。假如自己仅仅是在主观"识仁",而在实际中仍然是物归物,我归我,主观与客观不一致,那就是没有做到与物"无对",而是与物有对。"以己合彼,终未有之",自然也就不会有什么快乐。要能自觉地识仁、存仁、守仁,必须乐而体之才行,如果没有感到仁者的快乐,要想守住仁又谈何容易。程颢在《识仁篇》中所阐述的观点,和张载在《西铭》中说的"天地之塞吾其体,天地之帅吾其性。民吾同胞,物吾与也"的意思是一致的,正如同他自己所说的"《订顽》意思,乃备言此体"。

程颢曾和张载讨论过如何"定性"的问题,先是张载来信于此,后程颢复信于彼,这封复信就成了程颢本人唯一由自己写的哲学论文。信中虽然讲的是"性",实际上涉及程颢对世界的总看法。张载认为"性"原来是静止的,由于外物的迁累,定不下来,所谓"定性未能不动,犹累于外物"。而程颢则认为如果以为性能被外物所累,说明性(心)本来就无主,没有定下来。假如"中心如自固,外物岂能迁",那么程颢认为张载"定性未能不动,犹累于外物"的说法是错误的,因为这一说法实际上是以性为内,以物为外,而不知性无内外之分。以内外之二物,没能做到"合内外",定性的问题就讨论不清楚。程颢认为所谓"定"并不是静止不动,而是"动亦定,静亦定";不是因为怕被外物所牵累而不去和外物接触,而是要"中心如自固",外物是不能迁诱于性的。严格地说,"性"是藏不起来的,不与外物接触是不可能的。因而要"定性",不在于是否为外物所牵累,而是能否做到"无将迎,无内外"。只要"无内外"了,"性"怎么会被外物所迁呢?退一步说,"无内外"了,即使"性"为外物所迁,又能迁到什么地方去呢？因此不能说性定不下来是由于外物所牵累。如果真的是这样，当性随外物所迁的时候，"内"又是什么呢？这在逻辑上就讲不通了。定性最有效的办法是"不若内外之两忘"，即忘记内外的根本区别。这样就用不着担心"性"为外物所迁而动乱不定了，这就是"无事则定"。

很明显，程颢是以"忘"的办法取消"外"的存在，以内兼外。事实上内外的区别是客观的。无论是"忘"还是不忘，"外"总是客观存在着的，因而"不可以内外为二本"的说法不过是欺人之谈而已。由此可以清楚地看出，程颢在《答横渠张子厚先生书》（俗称《定性书》）中强调的"内外两忘"和《识仁篇》中所说"仁者浑然与物一体"的主旨是完全一致的。

程颢的思想中往往将己与道相提并论，以理与心合一。他说："若知道与己未尝相离，则若不克己复礼，何以体道？道在己，不是与己各为一物，可跳身而入者也。"这是说"道"与"己"是不可分割的，不能"各为一物"。己就是道，道就是己，道和己的关系就是理与心的关系。"理与心一，而人不能会之为一""心是理，理是心""圣人之心，未尝有在，亦无不在，盖其道合内外，体万物""心具天德，心有不尽处，便是天德处未能尽，何缘知性知天？尽己心，则能尽人尽物，与天地参，赞化育，赞则直养之而已"。

程颐认为理与心是一回事，两者没有任何区别。如前所说，理是永恒的，因而心是不生不灭的，正所谓"尧舜知他几千年，其心至今在"。理既是一物之理，又是万物之理；同样的逻辑，心也既是一人之心，又是天地之心。《二程遗书》卷二上说得很明白："圣人之心即天地之心。"后人将这句话移至程颐名下，但这似乎更像程颢的口气，即便是程颐说的，亦和程颢一贯的观点相吻合。程颢说："先圣后圣若合符节，非传圣人之道，传圣人之心也，非传圣人之心也，传己之心也。己之心无异圣人之心，广大无垠，万善皆备，欲传圣人之道，扩充圣人之心焉耳。"程颢自认为独得圣人心传，以后圣自居。前圣和后圣之所以能"若合符节"就在于前圣和后圣的"心"是相通的。又由于道和心异名同实，于是传"圣人之道"就变成传"圣人之心"。程颢进而又说："己之心无异圣人之心。"这样"传圣人之心"就演变成"传己之心"了。"心广大无垠"，只要扩充自己之心，什么事情都解决了。

程颢认为天地是以万物之心为心，它本身没有心，因此万物之心就是天地之心，而"己心"又是与万物之心相通的，至此，"己心"成为天地之心也就理所当然了。从上述这些材料来看，程颢实际上是宋明理学中"心学"派的开山祖师。在这一点上，他和其弟程颐是有所区别的。明代"心学"派主要代表人物王阳明把程颢《定性书》中的"动亦定，静亦定，无内外，无将迎"一段话奉为经典，乃"庶几精一之旨矣"。南宋"心学"派奠基人陆九渊也对程颢"推崇备至"。由此足见宋明"心学"派对程颢"理与心一"学说的重视程度了。

三、"格物穷理"的认识论方法

和二程的"天下只有一个理"的理学体系一致，他们规定认识的主要任务是"只明天理"，由此提出了以格物穷理或格物致知为主线的认识论。

"格物致知"语出《大学》。何谓"格物"？何谓"致知"？《大学》的作者并没有具体说明，这就为后代哲人各按自己的意思解释它们而留下了较大的空间。

到了宋代，"格物致知"成了认识论一个热门的话题，有的思想家认为"格物"就是接触客观事物，它是认识的源泉。张载从"理不在人皆在物"的观点出发，提出："感亦须待有物，有物则有感，无物则何所感"，认为要致知就必须接触外物，向客观世界学习。

而二程关于"格物"的释义则有所不同。

程颢说："致知在格物。格，至也。或以格为止物，是本矣。"

程颐说："格犹穷也，物犹理也，犹曰穷其理而已也。穷其理然后足以致之，不穷则不能致也。格物者适道之始，欲思格物，则固已近道矣。"

"格，至也。物，事也。事皆有理，至其理，乃格物也。"二程这里的"物"不单纯是指客观事物，同时又指理或事。其次，格物既不是指接触和深入实际，也不是抵制外物，避免与外物的接触，而是要达到与物同体的境界。二程认为如果格物仅是"止于物"，而不是与物合二而一，浑然一体，那么这仍是物我二本的观点。这种格物义与他们宣扬的"仁者浑然与物同体"的识仁说是一脉相承的。再次，二程在论述"穷理"的具体过程中，有时亦将"穷理"释为把握客观事物之理，然而这不是二程"穷理"的重点，他们的重心是放在认识他们虚构出来的"天理"上面。

二程说："穷理尽性以至于命，三事一时并了，元无次序，不可将穷理作知了事。若实穷得理，即性命亦可了。"又说：

"穷理尽性知命，只是一事，才穷理便尽性，才尽性便至命。"二程认为穷尽天理，恢复天性，认识天命是一回事，三者是"一时并了，元无次序"。这种对"穷理"的诠释是与天理观的本体论相契合的。

怎样才能格物穷理呢？二程说："物则事也，凡事上穷极其理，则无不通。"又说："凡眼前无非是物，物物皆有理。"二程认为事就是物，物也就是事，事与物二者是一样的，而摆在人们眼前的无非是事或物。无论是哪件事还是哪样物，其中都有理的存在，所以要穷理，可以而且应该不拘泥于一物一事。所谓格物穷理，不是要把天下所有的事物都要一一穷尽，而只要在任何一事或一物上穷得理就行了。这是因为天下万事万物都有一个统一的理，也就是说一理即万理，故而真的掌握了一事一物之理，即可通悟天下之理。"穷理如一事上穷不得，且别穷一事，或先其易者，或先其难者，各随人深浅，如千蹊万径，皆可适国，但得一道入便可。"也就是说，究竟先从何事何物穷理，这要根据每个人的具体情况而定，天资好的可以"先其难者"，天资差的可以"先其易者"。穷理的方法各种各样，"千蹊万径"，每种方法都可以。这就好比走路一样，条条大路通国都，并不限定要走哪条道。程颐说："随事观理，而天下之得矣。"这种随事观理到底是什么样子，程颢以自己的行为作了绝妙的注释。

"明道书窗前有茂草覆砌，或劝之芟。曰：不可，欲常见造物生意。又置盆池蓄小鱼数尾，时时观之，或问其故。曰：欲观万物自得。"程颢企图从对草、鱼的"见""观"来把握天下之理，显然是十分荒唐的，然而这又是"一草一木皆有理"和"随事观理"的格物穷理说的必然逻辑。说穿了，这个"理"不是指具体的物之理即事物内部的规律，而是二程虚构出来的天理。从学术渊源上说，这种"随事观理"的认识论受佛教禅宗影响很大。禅宗认为众生皆有佛性，不但人有佛性，动物也有佛性，甚至一草一木亦有佛性。人们可以从任何具体事物上去理解佛性，在一物上悟通了，即可进入极乐世界。二程说"千蹊万径，皆可适国"和佛教所提倡的观点有相似处，但又有不少分歧相异之处。

程颐罗列了许多具体的格物穷理方法，穷理的方法有读书学习，洞悉义理；谈古论今，断别是非；待人接物，处置得当；"多识前言往行"等许多种，但是如何亲自接触生产和社会生活的实际，从而认识物质世界，程颐一句也没有谈到。这绝不是偶然的疏忽，而是由他根本就不以物质世界作为认识的对象所致的。

二程认为凡物都有理，在一事上穷得其理，"其他可以类推"，不必一一穷尽天下之理，但又必须有一个涵养积累的过程，故而仅仅格一物之理是不行的。程颐说："人要明理，若止一物上明之，亦未济事，须是集众理，然后脱然自有悟处。然于物上理会也得，不理会也得。"强调"格物亦须积累涵养"，指望格一物便可通悟万物之理，这是不切实际的想法。穷理"须是遍求"，今日格一件，明日格一件，积累一多，就会豁然贯通。要求得广博，就必须多识，"人之多闻识，却似药物，须要博识，是所切用也"，"多识于鸟兽草木之名，所以明理也"。

程颐的这些理论其实是自相矛盾的。如果说明理切用必须遍求博识，就不能说"千蹊万径，皆可适国"。反之，假使要穷得一草一木之理，其余皆可以类推的话，那么多识前言往行而明理，博识切用就成为多此一举、自找麻烦的事。程颐关于格物穷理说的矛盾态度，也正是他哲学思想上存在某些矛盾的反映。因为要遍求物理，实际上就承认了此物理不同于彼物理，从而就否认了"一物之理即万物之理"的命题；而要维护"一物之理即万物之理"，也就否定了遍求博识。二者前后相悖，无法统一，类似这种情况，还散见多处。当然多识明理、博识切用的观点也有一定的合理因素，但就程颐本意而言，遍求和博识是为了实现对天理的贯通。即不是指对客观事物的知识积累渐多，进而引起认识的飞跃，而是指通过某种启示达到"明天理"的精神境界：程颐认为人自身就具有万理，涵养自身之理，使其"豁然有觉处"，这样"于物上理会也得，不理会也得"。这种"豁然有觉"的说法是禅宗顿悟说的借用。后来朱熹的格物致知学说基本上就是按这个路数而展开的。二程认为，尽管穷理的方法很多，可以不拘泥一法而悟得天理，但最简便而且效果最好的方法是自我认识，"取诸身而已"。这是因为"一身之上，百理具足"，因此程颐的结论是："外面事不患不知，只患不见自己""格物之理，不若察之于身，其得尤切"。他主张依靠求诸自身以观天地之理，所谓"观物理以察己，既能烛理，则无往而不识"。这种以主观的自我认识来代替客观实践活动的观点，显然是非科学的。

二程认为格物穷理的最高目的是"只明人理"。程颐说："致知，但知止于至善；为人子止于孝，为人父止于慈之类，不须外面，只务观物理，泛然正如游骑无所为也。"二程认为只要明确自觉履行子孝父慈之类的道德原则，就达到了"知"的最高境界——至善。相反，如只是自外部世界探索物理，这种"知"就像游子骑马，没有明确的归宿。程颢明确宣称穷理必须"于君臣父子兄弟朋友夫妇上求"。

在认识的标准上，二程提出了"己便是尺度"的命题。程颐说："人无权衡，则不能知轻重，圣人则不以权衡而知轻重矣，圣人则是权衡也。"一般人称量物品要有秤（权衡）才能知道轻与重，但是圣人却不需要秤即可准确地知道分量，因为圣人本身就是"权衡"。程颐这里说的权衡并不就是量度工具，而是借喻认识的标准。为什么圣人能够成为认识的标准呢？程颐说："圣人与理为一，故无过，无不及，中而已矣。其他皆以心处这个道理。故贤者常失之过，肖者常失之不及。"程颐认为圣人始终和理保持一致，要知道什么是理，只要看圣人之举动就可以了。从这个意义上说，圣人就是理，理就是圣人。"贤者"和"不肖者"却达不到圣人之水准，要么"失之过"，要么"失之不及"。推而论之，只要能和圣人一样，与理保持一致，自己也就成为权衡和尺度了。

程颐说："大而化之，只是谓理与己一。其未化者，如人操尺度量物，用之尚不免有差，若至于化者，则己便是尺度，尺度便是己。"在人还不能做到与理为一的时候，尚需要权衡与尺度，然而一旦像圣人那样"大化"，使自己与理为一，就不需要什么权衡和尺度了。这实际上是以主观意识"己"来作为衡量一切事物的是非真伪，完全否认了认识正确与否的客观标准，这充分表明了二程"求诸内而不求之外"的理学家的本质特征。

二程在论述格物穷理的同时，还突出地宣扬"良知良能"说。"良知良能"说是孟子最早提出来的，他说："人之所不学而能者，其良能也，所不虑而知者，其良知也。"孟子认为人的知识才能是先天生成的，内心所固有的。二程（尤以程颢为著）继承和发挥了孟子的"良知良能"说，使之成为认识论的一个重要组成部分，这对于后来陆王"心学"的"致良知"说的形成和发展产生了极为重要的影响。程颢说："良知良能，皆无所由，乃出于天，不系于人。"这就是说，一个人的知识才能来自天赋，它与人的后天努力完全无关。二程还认为良知良能不仅为全人类所共有，而且世界上除人之外的其他一切事物都具有良知良能。程颐说："万物皆有良能，如每常禽鸟中，做得窠子，极有巧妙处，不待学也。"二程企图以动物的本能证明人先天具有所谓的良知良能，恰恰证明了他们混淆了本能和认识才能的原则区别。诚然，在二程那里，良知良能有时作为本能来解释，但更主要的是作为人的认识才能运用的。作为前者，称之为出于天，不系于人，无可厚非，但作为后者，说成是"乃出于天"，这就陷进了先验论的泥坑。

二程认为每个人都有良知良能，在这一点上，圣人和常人是没有区别的。但是，对圣人来说，他生来就自知义理，不待学而知，能够自我意识到自己所固有的良知良能。众人则不然，他们不能清楚地体认自存的良知良能，不能自知义理。这好比一个人睡着了，外界什么事都不知道，而一旦醒来，也就恢复了他本来具有的知识才能。程颢说："人虽睡著，其识知自完，只是人与唤觉，便是他自然理会得。"他认为只要将众人唤醒，自然会"理会得"自己身上的良知良能，因此众人不是有无良知良能的问题，而是能不能体认自己的良知良能的问题。

程颢指出："天民之先觉，譬之皆睡，他人未觉来，以我先觉，故摇摆其未觉者亦使之觉，及其觉也，元无少欠，盖亦未尝有所增加尔，适一般尔。"由于后觉者（众人）本身也具备良知良能，"识知自完"，只是未觉察而已，因此先觉者（圣人）的任务不是要增加，事实上也增加不了后觉者们的"良知"，而是将他们唤醒。把众人比之"后觉"和"未觉"者，并非二程独创，这是儒家的传统见解，汉代的董仲舒就露骨地宣扬平民百姓为顽冥者，说"民之号，取之瞑也"。由于时代的前进，二程提出"民可明也，不可愚也"的主张。二程认为尽管每个人内心都具有良知良能，但是在和外部世界的接触过程中，内心很容易为外物所诱惑而迷失方向，沾染上人欲（私欲杂念），这样就会使自己的良知良能受到蒙蔽。程颢说："人心莫不有知，惟蔽于人欲，则亡天德也。"二程这里说的"知""天德"，也就是前面说的良知良能。这种良知良能会"因物有迁""迷而不知"，以致最后丧失。而要不"亡天德"，掌握我固有之知，就要使自己的内心不为外物所迷。程颢认为人之情所以有所蔽，就在于为外物所迁，沾染了人欲，使自己内心的良知良能受到了蒙蔽。如果一个人很自私，那么他的思想行为都只能根据自己的利益作为出发点，这就容易产生错误的判断："自私则不能以有为为应迹，用智则不能以明觉为自然。"凡为自私行为辩护、粉饰的，叫作"用智"，其结果便掩盖了心中的"明觉"。为了避免"自私"和"用智"，程颢提出了"物各付物"的原则："物来则知起，物各付物，不役其知，则意诚不动。意诚自定则心正，始学之事也。"程颐也说："以物待物，不可以己待物。"他们的意思是，在接触事物的过程中，不要自作聪明，也不要把自己的私心杂念掺和其中，而让内心的良知良能对事物作出自发的反应，按照事物的本来面貌和特征作出判断，这便是"物各付物"，或者叫作"以物待物"。一旦意诚心正，私心杂念排除了，良知良能就可恢复，对事物的"知"也就在其中了。

二程坚持认为，在认识过程中一定要杜绝私意，做到"四毋"，即"毋意、毋必、毋滞、毋我"。对于"四毋"中的"毋意"和"毋我"，二程又作了具体解释："毋意者，不妄意也。毋我者，循理不守己也。""四毋"强调的是一个意思，即在认识事物时，不能先入为主，按照自己的主观愿望（私意）强迫具体事物削足适履。二程的这一解释，使"物各付物"和"不可以己待物"的命题，附带了某些按事物本身规律办事的因素，这是值得肯定的。

二程认为"心"在和外物接触的过程中，可能会为外物所迷，使良知良能受到蒙蔽。但是这并不意味着人应该避免和外物接触，要求人心不交感万物事实上是不可能的。

二程认为要避免内心为外物所迁，问题不在于要不要和外物交感和思虑，而是要"固在心志"，使心与理保持一致而"有主"，这样心就不会"二用"。不为他事所夺，也就不能为外物所迷了。二程很喜欢以镜和止水喻心，说"人心缘镜，出入无时，人亦不觉""圣人之心，如镜、如止水"。他们认为人心好比一面镜子，一泓静水，明镜与静水能照映"物物妍媸"，人心能分辨是非好恶。

心镜之喻，语出道家庄周。他说："圣人用心若镜，不将不迎，应而不藏。"但是庄周旨在养生，不为外物伤身，而二程借用庄周的这个比喻，主要是论证"物各付物"说。据《外书》记载，程颐曾指面前的水盆对人说："清静中一物不可著，才著物便摇动。"他以此来比喻人们在认识过程中，要保持思维器官——"心"的清静，保证它不受其他事物的干扰。所谓"人心不得有所系"，其中是有一定合理因素的，但是二程过分强调内心的自发反应，则失之虚妄不实。

在认识过程中，二程突出了"心"的作用。程颢说："耳目能视听而不能远者，气有限耳，心则无远近也。"他认为"心"和其他认识感官如耳、目是不同的。耳、目虽然能听与视，但是总受到时间、地点等多方面条件的限制，因此依靠耳、目来听、视就有无法克服的缺陷，所谓"气有限耳"。然而"心"却可以不受地点（无远近）、时间（无古今前后）的限制，而与"理"相感通。程颐说："时而思之，则千里之远在于目前，数千岁之久无异数日之近。"靠什么"时而思之"？当然只有"心"。"心"作为思维器官，是感性认识上升为理性认识的必不可少的环节，具有弥补耳目的视听受限制的作用。从这个意义上说，"心"有"无远近"和"无古今前后"之特点，但如果由此认为"心"根本不需要耳目等感官的听与视，直接与"理"相感通，那就错了。程颢明确地宣称："心尽天地万物之理，各当其分。"他又认为对于人们来说，最重要的是在和外物接触的过程中，要使"心"不外逸，"其要只在收放心"，并且把这一点看作自古以来圣贤谆谆教导人们的根本宗旨："圣贤千言万语，只是欲人将己放之心，约之使反，复入身来，自能寻向上去，下学而上达也。"

二程虽然也曾说过"心无目则不能视，目无心则不见"之类的话，似乎承认心与目在认识过程中存在着相互补充的作用，但他们既然要过分夸大"心"在认识中的作用，就势必不能把这种观点坚持到底，而只能是轻视感性认识。

二程的认识论总的说来是属于唯心主义认识论，但是在具体的论述中，尚有不少前后矛盾抵牾之处，即某些论点和整个认识论体系不相协调，但其中亦包含了一些合理的、有价值的见解。

首先，二程虽然赞成上智下愚之分，但对"不移"之说提出了部分修正。程颐说："惟上智与下愚不移，非谓不可移也，而有不移之理。所以不移者，只有两般：为自暴自弃，不肯学也。使其肯学，不自暴自弃，安不可移哉？"二程言必称孔子，以孔门嫡传者自居，然而他们对于"惟上智下愚不移"的解释，却断出己意，而与孔子本意不甚符。他们认为世界上的下愚者只有两种人是"不移"的，一种是自暴自弃者，另一种是不肯学习者。反过来说，只要不自暴自弃，肯学习，也就会"移"。程颐的这一说法，实际上改造了孔子"惟上智下愚不移"的学说，而赋予了新义，具有一定积极意义。同时，他们又对孔子"中人以上可以语上也，中人以下不可以语上也"的说法进行了修正，认为从天赋、天资上说，确有上、中、下之分，但只要后天努力，中、下之才可以弥补先天之不足，进于上等人才的行列。这也就是说通过一定的途径，下愚者可以变得聪明起来。其次，二程同意"生而知之"的说法，但又不否认"生而知之"者有再学习的必要。程颐说："生而知之，学而知之，亦是才。"他认为从天生资质看有生知和学知的区别，以孔子而论，就是生而知之的人。但即使是生而知之的圣人，也只是基本义理不需要学，因为他"自知义理，不待学而知"，至于一些具体的知识，也还是要学而知之的，如"问礼于老聃，访官名于郯子"等。二程认为孔子是生而知之者，然而对于旧物如官名、礼义等方面的历史知识，也还要请教比他先知道的人，这并不损害孔子生知者的形象。二程进一步指出圣人不仅有所不知，也有所不能，"盖于事有所不遍知，不遍能也。至纤悉委曲处，如农圃百工之声，孔子亦岂能知哉……圣人固有所不能也"。承认了世上每个人都有所知，有所不知；有所能，也有所不能。"农圃百工"之知和能，是孔子所不能、不知的，因此孔子这样的圣人也必须学习。"孔子，生而知之者，自十五以下，事皆学而知之者，所以教人也。"二程认为孔子十五岁之后的知识都是靠学习得来的。从某种意义上说，孔子之所以能成为圣人，离开了"自十五以下，事皆学而知之"这一基础，也就无所谓圣人了。程颐明确指出："人初生，只有吃乳一事不是学，其他皆是学。"

以上论点，实际上再一次否定了圣人不待学而知的观点。程颐还认为尽管人从天资上说有生知和学知的区别，但只要努力，却可以殊途同归，学而知之者可以取得和生而知之者一样的成就。他说："大抵生而知之，与学而知之，及其成功一也。"类似这样的论述，还有不少。这些论述不断地冲淡了他们本身宣扬过的"生而知之"说，是值得肯定的。

再次，二程虽然轻视闻见之知，重视德性之知，但是在常识上，他们并不否认闻见在认识中的作用，曾说："闻见如登九层之后。"就是说闻见是知识积累的阶梯，闻见愈多，知识积累就愈多。二程自己就具体考察过不少自然的和社会的现象，并企图对它们作出合理的解释。

二程在把"知"分为"闻见之知"与"德性之知"的同时，又将"知"分为"常知"和"真知"。二程说："真知与常知异。常见一田夫，曾被虎伤，有人说虎伤人，众莫不惊，独田夫色动异于众。若虎能伤人，虽三尺童子莫不知之，然未尝真知。真知须田夫乃是。"老虎凶猛而要伤人，这是连小孩子都知道的常识。可是老虎究竟厉害到什么程度，究竟怎样可怕，对于未被老虎伤害过的人并无切身体会，唯有曾经被老虎咬过的田夫最清楚，所以一般人谈虎色变，"独田夫色动异于众"。二程又举例说："贫人说金，说黄色，说坚软，说他不是又不可，只是好笑。不曾见富说金如此。"又说："且如脍炙，贵公子与野人莫不皆知其美，然贵人闻着便有嗜脍炙之色，野人则不然。"

总之，二程关于"常知"和"真知"的区别是符合人的认识过程的，含有实践出真知的因素，这是二程认识论中有价值的见解。

还必须指出，二程没有停留在一般的闻见之知上，他们突出了"思"在认识中的重要作用，认为任何事情都有其"所以然"，而其"所以然"一般是隐藏在事物内部的，它看不见，听不到，摸不着。简言之，无法用感官去接触。假使认识事物只凭感官而不会"思"，那甚至会产生错觉。

张载曾认为："独见独闻，虽小异，怪也，出于疫与妄也。共见共闻，虽大异，诚也，出阴阳之正也。"张载这个观点初步指出了众人的见闻可以防止个人的主观武断的失误，因而不无意义。但是判断主观是否符合客观，认识是否符合实际，毕竟不能以独见独闻为标准，而是要以共见共闻为标准的。二程说："愚者指东为东，指西为西，随众所见而已。知者知东不必为东，西不必为西。"这里说的不必为东，不必为西，不是说指东为西，指西为东，而是说众人所共见的东与西可能是凭直觉而产生的一种错觉。二程的这个说法弥补了张载的偏颇，有可取之处。

任何人的眼力所及都是有限的，然而天地是无边无垠的，即使集所有人之目见为依据，也还是不能揭示天地之化的本质，只有"默体天地之化"才行。"默体"者，即通常所说的"思"。二程说："为学之道，必本于思，思则得之，不思则不得也""不思故有惑，不求故无得，不问故不知""穷至物理无他，唯思而已矣""不深思则不能造（到达）于道，不深思而得者，其得易失"。类似以上的这些说法，在二程著作中随处可见。他们认为"思"在认识事物中起着极其重要的作用，不经过"思"就不会有"知"；不深思，则不能达到"知"的完美境界，即"造于道"；不深思，得来的"知"是很肤浅的，易得亦易失。通常人们所说的无思无虑而得到某一方面的高深知识，并不真是不思不虑而得来的，而是经过很长时间的深思熟虑才获得的。二程认为在认识的过程中，知见和思虑是不可缺少的环节。只有知见才可思而得"知"，而思虑又使知见向纵深方向发展，提高到理性之知的阶段。所谓"屏知见，息思虑"，这是佛、道两家的错误观点，应该抛弃才是。二程进一步批判佛、道两家的槁木死灰说："盖人活物也，又安得为槁木死灰？既活，则须有动作，须有思虑。必欲为槁木死灰，除是死也。"任何事情都有一定的限度，思虑纷扰，所以要虚静，然而虚静亦应适可而止。如果因为要虚静，而以为形似槁木心如死灰才是最高的境界，那就大错特错了。人是活物，既"须有动作"，又"须有思虑"，想避免动作、思虑事实上是任何一个活人都做不到的。要真正做到形如槁木心如死灰，除非是死了的人，因此思虑是不可能停息的。

究竟怎样的思虑才会收到应有的效果呢？二程提出了两条原则。第一，首先要在一件事上思虑成熟，只要潜心思虑，总会把事情弄清楚的，"不曾见人有一件事终思不到也"。只要工夫到家，总会"智识明，则力量自进"。二程强调指出思虑要专一。"泛乎其思，不若约之可守也。思则来，舍则去，思之不熟也。"也只有长期思索某一问题才会清楚明白。第二，要开拓思索，不能老是在一件事上死钻牛角尖。程颐说："若于一事上思未得，且别换一事思之，不可专守着这一事。盖人之知识，于这里蔽着，虽强思亦不通也。"这是说人的思路往往会被某一件事情卡住，再怎么思索也不会有什么明确的结论，这时不妨将在"这里蔽着"的一事搁在一旁，"别换一事思之"。往往有这样的情况，在这件事上没有发现的问题，而在那件事上得到了某些线索，受到启发，从而触类旁通。必须肯定，二程关于思虑的两条原则当是经验之谈，具有普遍性的意义。

二程认为勤于思索，一定会使人的思路越来越清晰广阔。程颐说："致思如掘井，初有浑水，久后稍引动得清者出来。人思虑，始皆溷浊，久自明快。"掘井引水，一开始水总是浑浊的，然而掘之愈深，经过沉淀，清水也就出来了。人的思虑也是如此，开始时毫无头绪，看上去十分浑浊，但是时间一长，就会去伪存真，去粗存细，对问题的认识愈来愈清晰明快。程颐明确宣称："人思如涌泉，浚之愈新。"就是说人愈是勤于思索，就愈聪明；思路愈广，发现的新东西就愈多。

四、"无独有对"的朴素辩证法思想

程颐继承了先秦以来的朴素辩证法思想家"有对"论的观点，认为世界上的一切事物都是矛盾地存在着的，任何事物都有其对立面。他说："道无无对，有阴则有阳，有善则有恶，有是则有非，无一亦无二。"又说："夫有始必有终，既终则必有始，天之道也。"他还说："质必有文，自然之理，理必有对，生生之本也。有上则有下，有此则有彼，有质则有文，一不独立，二则为文，非知道者孰能识之？"程颐认为阴阳、善恶、是非、始终、文质、上下、彼此、盛衰等等都是相对立而存在的，这是"天之道"和"自然之理"，并非出于任何事先的人为安排，对立的双方是同时存在的，没有先后之分。"阴阳开阖，本无先后，不可道今日有阴，明日有阳。如人有形影，盖形影一时，不可言今日有形，明日有影，有便齐有。"

程颐"万物莫不有对"的思想是对《周易》和《老子》对立辩证观的继承和发挥。程颐认为世界上任何事物都不能孤立地存在。他在谈到"一"与"二"的关系时明确地指出："盖天下无不二者，一与二相对立，生生之本也。"这就是说天下没有孤立存在的"一"，"一"与"二"总是相互对立而又相互依存的。程颐的这个观点与同时代的张载"一物两体"的思想颇为接近。张载认为"两不立则一不可见，一不可见则两之用息"。这里主要是说没有对立，也就没有统一。反之，没有统一，也就构成不了对立的关系。

诚然，程颐在表述矛盾对立与统一的关系时不如张载这样清楚和概括，但是他在对具体问题的论述中却随处可见，客观上也是对张载"一物两体"的补充。他曾以阴阳为例，论证了事物既对立又统一的关系。他说："仇，对也。阴阳，相对之物，谓之初也。"程颐所指的"仇"有以下两层意义：一，敌对、对立，义近矛盾；二，对子、匹配，阴与阳这二者的关系是既相互对立而又相互依存的，失去了一方，另一方也就不复存在。所谓"独阴不生，独阳不生"，无论是阴或是阳都不能失去自己的对立面，失去了就不可能产生世界万物。矛盾的对立面是相辅相成的，这是普遍的法则，对于其他任何事物都是这样。"如天地阴阳，其势高下甚相背，然必相须而为用也。有阴便有阳，有阳便有阴，有一便有二，才有一二，便有一二之间，便是三，已往更无穷。"矛盾的对立面"其势甚相背"，然又是"相须而为用"。他在解释"他山之石可以攻玉"时具体说明了"相须而为用"的道理："玉者，温润之物，若将两块玉来相磨，必磨不成。须是得他个粗砺底物方磨得出。"程颐用上述浅显的事例说明新事物是在对立面的矛盾中产生的，这个说法是对"和而不同"的传统辩证观点的发挥。

世界万物之间的差异是客观存在的，这种差异也是矛盾，唯其有差异才构成了丰富复杂的世界。程颐拿磨来打比方，说磨分上下，两扇齿有参差（凹凸），唯其如此，两扇磨相磨才有用途，否则磨也就不成其磨了。天地造化如磨一样，唯其

"不齐"，才能产生万物。程颐认为"物之不齐，物之情也"。庄周不懂得这个道理强要"齐物"，即取消事物之间客观存在的差异，事实上这是不可能的，所以"物终不齐也"。

尤其值得重视的是，程颐认为矛盾的对立双方是互相渗透的，不可截然分开。他说阴与阳是相互"参错""厮侵"即互相渗透的，"不可截然不相接"，如同在严寒的冬天也有太阳，天要亮时反而显得格外黑暗一样，阴中有阳，阳中有阴。事物矛盾的对立面相互参错的道理不仅适用于天地阴阳，也适用于其他一切矛盾的对立面，如动静、有无等矛盾的两个方面都是相互渗透的。他说："静中有动，动中有静，故曰动静一源。"又说："消长相因天之理也。"这些观点表明程颐对矛盾对立统一法则的朴素理解，虽然这种理解尚属肤浅，然而在当时却是非常可贵的。

程颐不仅肯定了对立的普遍性，而且认为矛盾的双方不是固定不变的，它们总是在向着各自相反的方面转化。他认为世界上事物转化的具体形式丰富多样，难以统一于一定的模式，但是矛盾转化却是普遍现象，任何事物概莫能外。他说：尽管万木荣枯各有不同的特点，何时荣枯亦"分限不齐"，不能一概论之，但是万木都有荣枯，这却是"一个阴阳升降大节"，无论哪一种树木都不能避免。即使像松柏这样的树木也有凋谢的时候，"不是不凋，只是后凋"，它凋谢之时一般人"不觉"而已。有夏天生长的，也有夏天枯谢的，因此，百花凋谢的冬天，唯有梅花开放就是很自然的事情了。但是程颐的转化观尚未能摆脱循环论的倾向，他企图用"物理如循环"来说明阴阳、升降、平陂、安险、泰否等矛盾转化的现象是很不确切的，有相当明显的循环论的倾向，但是并不能因此否认其中所包含的辩证法因素。

从事物对立转化的观点出发，程颐指出树木有荣有枯，同样人也有生必有死，世界上绝没有长生不死之人。"如人生百年，虽赤子才生一日，便是减一日也。形体日自长，而日数自减，不相害也"。人活在世上活一日少一日，即使对于刚生的婴儿来说也是如此。身体一天天长大，活的天数一天天减少，两者是不矛盾的，死对于任何人来说都是不可避免的。因而他指出："见摄生者而问长生，谓之大愚。见卜者而问之吉凶，谓之大惑。"进而他又批判了佛家的生死观，认为生死为本分事，没有什么可恐惧的，所以不谈生死的问题。他赞成对于生死采取"鼓缶而歌"的态度，所谓"人之终尽，达者则知其常理，乐天而已，遇常皆乐，如鼓缶而歌"。程颐用辩证法的观点来解释生命的现象，表现了他所持的无神论思想。

然而程颐并没有把对立转化的观点坚持下去，当一接触封建等级制度之道时，他认为这是"无对"的，即尊卑贵贱的封建等级制度是不可变动的。"天尊地卑，尊卑之位定，而乾坤之义明矣。高卑既别，贵贱之位分矣。阳动阴静，各有其常，则刚柔判矣。事有理，物有形也，事则有类，物则有群，善恶分而吉凶生矣，象见于天，形成于地，变化之迹见矣。"这里他所说的定、分、常、判、见都是既定的、不变的矛盾现象，尊卑贵贱的社会等级制度是不可变动的。这不仅暴露了程颐封建主义卫道士的立场，同时也窒息了他在论述自然现象时所闪烁的对立转化的辩证法气息，陷入了形而上学的泥坑。

程颐在讨论事物运动时提出了"动静相因""消长相因"

的观点。他说:"动静相因,动则有静,静则有动,物无常动之理。"又说:"冬至之前,天地闭塞,可谓静矣,日月运行未尝息也,则谓之不动可乎?故曰动静不相离。"动和静是相辅相成的,动中有静,静中也有动,虽然作为具体的事物总有静止的时候,所谓"物无常动之理",但是天地的运行是一刻也不停止的,即使在"天地闭"的冬天,日月星辰也还都在运动不息。在"动"和"静"这一对矛盾中,"动"比"静"更为根本。他提出了"动之端乃天地之心"的观点,认为"先儒皆以静为天地之心,盖不知动之端乃天地之心也"。程颐认为先儒把"静"作为"天地之心"是错误的,只有"动之端"才是"天地之心",即天地造化的根本原则。他不仅辩证地理解了"动"和"静"的关系,而且认为运动是绝对的,静止则是相对的,纠正了周敦颐将"动"和"静"割裂,而以"寂然不动"作为宇宙的最高境界的错误。

运动是事物存在的形式,程颐认为矛盾的运动产生了世界万物。他说:"天地阴阳之气相交而和,则万物生成,故为通泰。"又说:"女之归男,乃生生相续之道,男女交而后有生息,有生息而后其终不穷。前者有终,而后者有始,相续不穷,是人之终始也。"由于天与地、阴与阳相互交感(运动),万物才得以生长,所以这叫"通泰"。同样,由于男女的互相交感,才能繁衍后代,人类才能"生息而后其终不穷"。程颐明确指出:"凡物参和交感则生,不和分散则死。"这就是说只有事物的矛盾运动(交感)才能产生生命,"不交",事物的生命力也就停止了。程颐具体论述了事物的交感现象,他说:"天地之气开散,交感而和畅,则成雷雨,雷雨作则万物皆生发甲坼。"又说："阴阳之交相摩轧，八方之气相推荡，雷霆以动之，风雨以润之，日月运行，寒暑相推，而成造化之功。"又说："日往则月来，月往则日来，日月相推而明生焉，寒往则暑来，暑往则寒来，寒暑相推而岁成焉，往者屈也，来者信也，屈信相感而利焉，此以往来屈信明感应之理，屈则有信，信则有屈，所谓感应也。"这是一幅绚烂多彩的自然界的运动画面，阴阳摩轧，风气激荡，雷霆震动，风雨润泽，日月运行，寒暑相推，整个自然界都在运动不息，生机盎然。

程颐还用阴阳两气交感作用来解释自然界雷电和风雨等自然现象。关于雷电的成因，他说："电者阴阳相轧，雷者阴阳相击也。"电是阴阳二气相倾轧，这如同两石相磨所以看到火光，而阴阳相碰撞则形成了雷，雷与电这二者是紧密联系在一起的。程颐关于雷的论述还见于多处。他说："雷者，阳气奋发，阴阳相薄而成声气。阳始潜闭地中，及其动，则出地奋震也。始闭郁，及奋发则通畅和豫。"又说："雷行于天下，阴阳交和，相薄而成声，于是惊蛰藏，振萌芽，发生万物，其所赋予，洪纤高下，务正其性命，无有差妄，物与无妄也。"雷能成声是由于"阴阳相薄"，所以一声春雷就可以"惊蛰藏，振萌芽，发生万物"。程颐还常把雷和风雨联系起来议论，"雷雨二物，相益者也，风烈则雷迅，雷激则风怒，两相助益"。在这里，程颐排除了对于雷电风雨成因的神秘主义的解释，而把阴阳两气的交感作为发生雷电风雨等自然现象的依据。这种力图以自然界本身来解释自然现象的观点，是有其积极意义的。

运动是事物存在的形式还有第二层意义，即只有运动不息的事物才有生命力。显然程颐也是持这种观点的。他常常把

"动"和"恒"联系在一起，认为"不动"就不能"恒"，即永久地存在，这是因为在天地间唯有"动"是恒而不穷的。世界上所有的事物都在变动着，即使像山岳这样的坚厚之物也不能不动，不能不变。因此所谓"恒"不是指"一定"不变的意思，凡是一定不变的事物没有一个是能够保持"恒"的，只有"随时变易"才是普遍的原则。天地造化因为"动而恒久不已"，所以才能"常"；日月星辰因为运行"恒久不已"，所以才能"明"；寒暑相推，四时革而不已所以才能成岁；等等。应该承认程颐的这些观点是很有价值的。

事物的运动形式是多种多样的，但是绝不是杂乱无章的，而是有其规律性的。"乾道变化，生育万物，洪纤高下，各以其类，各正性命也。"何为性命？程颐解释说"天所赋为命，物所受为性"，指事物有着各自特有的性命即规律。他又说，天地之间的变化虽然无穷无尽，但是总有其"常"（规律），像阴阳、日月、寒暑、昼夜之间的变化就是"常"的运动，这个"常"的运动是永恒的。他还是以阴阳日月为例说："日月，阴阳之精气耳，唯其顺天之道往来盈缩，故能久照而不已。得天，顺天理也，四时，阴阳之气耳，往来变化，生成万物，亦以得天，故常久不已。"又说："天地之运，以其顺动，所以日月之变不过差，四时之行不愆忒。"程颐所指的"顺动"是指顺循"常"的运动，如天地的运行，日月的照明，阴阳往来，精气盈缩，都是因为顺"天之道"而"常久不已"的。程颐在讨论事物矛盾运动时，很强调"顺"。他说："天地之道，万物之理，唯至顺而已。"很明显他在这里所说的"顺"多少包含着按照客观规律运动的因素，因而是有可取之处的。

强调顺循事物的规律，并不意味着人在自然界和社会人事的活动中束手无策、无能为力，程颐注意到了人的作用。他说："天人之理，自有相合。人事胜，则天不为灾，人事不胜，则天为灾。人事常随天理，天变非应人事。"这种天人相合与汉儒所说的"天人感应"是有一定区别的。程颐认为汉儒之学（天人感应）实属"牵合附会不可信"。二程很重视人在自然界尤其在社会活动中的作用，指出："治则有为治之因，乱必有致乱之因，在人而已矣。"因此社会由乱转为治、化险为夷的关键还是在于人的努力。上述的这种观点也正是"动之端乃天地之心"思想的贯彻。

五、"物极必反"是对面转化的简朴理论

一切事物的运动总是处于一定的时空中的。关于"空"，二程没有更多地涉及，对于"时"，二程的议论颇多，非常重视。二程认为世界上的一切事物都是"与时消息"的。程颐说："天地之盈虚，尚与时消息，况人与鬼神乎？盈虚谓盛衰，消息谓进退；天地之运，亦随时进退也。"又说："或损或益，或盈或缩，唯随时而已，过者损之，不足者益之，亏者盈之，实者虚之，与时皆行也。"天下的事情不是进便是退，都必须根据"时"来决定，不能不受到"时"的影响，时间变了，事物也会随之变化。

春夏秋冬四季时令不同，因而气候条件各异，四季所适宜生长的农作物也必然有区别。不光是四季有别，即使同属春季，也有春初、春中、春尽之分，所适宜生长的农作物也不尽

相同，在耕作时一定要考虑这个因素，"栽培灌溉"要"各以其时"才能获得好收成。虽是同一块土地，由于季节的不同，不仅种的农作物不同，而且收成也会因时令不同有多有少。例如："今之始开荒田，初岁种之，可得数倍，及其久，则一岁薄于一岁，乃是常理。"刚开垦的荒田，因地有肥力，所以开始庄稼收成高，时间一长，肥力减退，因而收成就会"一岁薄于一岁"。不过，也有相反的情况，初开荒田收成低而后几年产量高。不仅开荒种田有一个时间的问题，其他的事物也同样有时间的问题。程颐说："礼，时为大，须当损益，夏、商、周所因损益可知，则能继周者亦必有所损益。"程颢也说："识变知化难。古今风气不同，故器用亦异宜。是以圣人通其变，使民不倦，各随其时而已矣。"二程认为圣人制定礼仪的最大原则是"时"，"时"不同，所制定的"礼"也有损益，这种情况可从夏、商、周三代所制定的"礼"中看出来。上古时伏羲不能"垂衣裳"。这样简单的事情难道像伏羲这样的大圣人还不能完成吗？然而为什么伏羲终究没有"垂衣裳"，而要等到数世之后由尧、舜来完成呢？这主要是因为伏羲时尚提不出这种要求。制定礼仪是如此，制作其他的器皿也同样是如此，一切都是以时间、条件为转移的。程颐还举汉初萧何和东晋谢安策划建造宫殿一事为例，说明两人同样主张造宫殿，而萧何却应该受到谴责，而谢安就要得到表扬，因为这两个人所处的"时"不同。萧何时代，天下初定，应该休养生息，而大兴土木，经营宫殿，势必要加重民众的负担。而谢安之时，东晋外患内难，危机重重，只好偏安江南，呈现出一片衰败景象，把宫殿造得雄伟一点可以鼓舞士气，安定民心。

既然随着时间的推移，任何事物都要发生变化，因此要取得事业的成功，人们的行动应该"随时而进""随时自用""随时而上"。程颢说："时者，圣人所不能违也。然人之智愚，世之治乱，圣人必示可易之道，岂徒为教哉？盖亦有其理故也。"这是说在"时"的面前，圣人和众人是一样的，都只能"顺"而不能违。圣人和众人所不同的是圣人能够"因时而处宜，随时而顺理"，而众人则不能把握时机。"若夫随时而动，合宜适变，不可以为典要；非造道之深，知几可与权者，不能与也。"程颐认为众人不能"随时而动""合宜适变"，因而不能与"造道之深""知几可与权"的圣人相比。这固然暴露了他对普通民众不够重视的缺陷，但他强调了"圣人"的"随时而动"的重要性。

"圣人之主化，犹禹之治水耳，宜顺之而不违，宜遵之而不违，随时之宜，亦因此焉。"大禹治水是根据洪水自身的特点，采取疏导的方针，因而取得了治水的成功。这里说的"禹之治水"含有按客观规律办事的因素。程颐还对"随时之宜"作了通俗的比喻，他说在正常的情况下，人一般是白天"自强不息"，不能老是待在家里（居内），晚上就要及时"宴息以安其身"，不能无休止地在外面游荡（居外）。人必须"起居随时，适其宜也"。程颐以起居随时，企图说明"时"对人的行动的重大影响，这不仅是明智的，而且洋溢着辩证法的气息。但是二程认为其他事物都是"随时而变"，唯有封建主义之法是"通万世而不易"的，从而走上了形而上学的歧途。

从事物运动变化的观点出发，程颐提出了"物极必反"的命题。他说："物极必反，其理须如此。有生便有死，有始便有终。"事物发展到顶点（极）就要走向反面，这是规律（其理须如此），概莫能外。生命达到顶点就要走向死亡，而死亡了的生命通过转化分解又会成为新的生命所必需的成分，因而在新生命中得到反映，开始新的循环。生死是如此，其他一切事物也都是如此。在程颐看来，"物极必反"的道理是显而易见的。如一个人向东走，走到尽头了，只要再一走动必然要朝西；同样，升高升到极点了就要下降。事物发展到极点，就要向反面转化。"物极必反"是一个普遍规律，它同样适用于社会的治乱安危。"物理极而必反，故泰极则否，否极则泰。危极必安，乱极则治"，这是"理之常"，但是由危转为安，由乱转为治，却又不是自然而然能办到的事情，一定要有"刚阳之才"的活动才行。他的这个观点使他关于对立转化的理论大大前进了一步。

既然任何事物发展到极点都要走向反面，因此，要想不走向反面，就要注意不过"极"，与"极"保持一段距离。程颐说："贤智之人，明辨物理，当其方盛，则知咎之将至，故能损抑，不至于满极也。"根据同一原则，程颐提出了居安思危、居盛虑衰的思想："当知天理之必然，方泰之时，不敢安逸，常观危其思虑，正固其施为，如是可以无咎。"程颐认为要使"盛""安""泰"长久地存在下去，只有在"方盛""方安""方泰"的时候保持高度警惕，力戒骄侈，自强不息，经常考虑到处于艰难之时的境遇，这样才可以不出大的岔子。他认为大凡天下久安通泰，到后来没有一个不发生动乱的，究其原因就是不知道"物极必反"，须防患于"方泰"之时的道理。

第 4 章

二程的政治思想

二程和王安石政治上的分歧是由于双方对于"治国之要"的理解不同,其实他们都一样希望北宋改变积弱和贫穷的局面。二程曾有相当长的时间沉浮于宦海之中,他们痛切地感受到封建官场的险恶与黑暗;他们耳闻目睹人民的苦难,察觉到人民中间隐藏的日益高涨的反抗情绪。二程的政治思想就是在这种特定的历史环境中产生的。

一、"古今异宜"的历史进化观

二程的哲学思想贯穿到社会历史方面,就构成了其理学的历史观。他们一方面承认社会历史是发展变化的,必须从中观察历代社会的"治乱之由",认识"古今异宜"的道理;但另一方面又恪守正统的儒家思想,以理学家的偏见去看待历史事件和历史人物,表现出保守观念。

为什么要研究历史?对于这个问题的看法,二程和司马光大致相似。他们认为研究学习历史,是为了总结历代王朝治乱兴衰的经验教训,从古代圣贤那里学到待人接物的立场观念,从而有助于当世政事的治理。程颐说:"看史必观治乱之由,及圣贤修己处事之美。"又说:"凡读史,不徒要记事迹,须要识治乱安危兴废存亡之理。"正因为可以以古为镜,所以二程相当重视对历史的学习。他们对司马光主持编修《资治通鉴》一事表现了异乎寻常的关心,几次向司马光询问编书的进展情况,常常发表一些意见,企图以自己的学术思想去影响司马光,使自己的理学思想在《资治通鉴》中得到反映。

如何学习历史?二程主张"不可以一概看",必须边学习,边揣摩与思考。"先生始看史传,及半,则掩卷而深思之,度其后之成败,为之规划,然后复取观焉。然成败有幸不幸,不可以一概看。"这就是说阅读史传,必须学会善于分析的方法,根据历史发生的种种复杂事件的关系以及当时的客观条件等等,进而判断其发展的必然性的结果。这是一种较好的训练思维的方法,后来也被南宋吕祖谦所继承和发扬。

二程重视史传的学习,但又不迷信史传的记载。三国时,诸葛孔明为了与曹操长期抗衡,选择五丈原作为营地。司马懿宣称孔明这样做不会有什么作为。后来孔明在五丈原病故,蜀兵不战而退,不少人由此认为司马懿的说法很有一些先见之明。程颐"自观五丈原",经过实地调查,认为孔明驻兵五丈原,此举非常高明,"非此地不可据",并指出司马懿说孔明"无能为,此伪言安一军耳……英雄欺人,不可尽信"。程颐这个结果究竟正确与否,另当别论,重要的是程颐在这里表现出了良好的治史学风。

二程认为人类社会历史和其他事物一样，不是一成不变的，而是随时变化的。程颢说："古今异宜，不惟人有所不便，至于风气亦自别也。"依据天下万事万物包括人在内，都是由气聚化生的原则，古今风气的不同，自然世上的人和物也就有了区别。

程颐认为古时风气淳厚，故而人长得高大魁伟，穿的衣服和戴的帽子以及其他的日用器具则与今人不相同，古代的人情风俗礼仪也与今世有许多差异。由此二程指出，"礼"也是随时变异，古礼是根据当时的人情风俗制定出来的，而今世的人情风俗发生了很大变化，全用古礼就显得泥古而不化，不合时宜，同样"全用古物，亦不相称"。圣人的责任就是对古礼古物的随时损益"随其变，使民不倦"。比如古时人们生活简陋，没有桌子和椅子，都是席地而坐，吃饭也不用筷子，直接用手抓。时代不同了，这种简陋的习俗就要进行改革，所谓"不席地而倚桌，不手饭而匕筯"。在这里，二程认为"古今异宜"，社会处于变化之中，这具有历史进化的观点。

随着社会风气、物质生活条件的变化，人们的生活习惯、思想观念也在变化之中，所谓"天下之习，皆缘世变"。程颐曾以简洁的语言，扼要地叙述了传统学术思想的演变。其大意如下：秦专用法家之术，焚书坑儒，不久即亡。汉室接受秦亡教训，崇尚道德，重用儒术，天下儒者极多。这些人恪守君臣之义，故而在王莽之乱时，多为汉室尽节。光武中兴后，为了使更多人效忠自己，褒奖名节，天下士人因而特别注重操行名节，为了名声，可以视死如归。但是名节讲过了头，不少名士忍受不了贫寒与礼法的拘束，因而走向极端，蔑视礼法，放荡无行。众多士人不干实事,崇尚浮虚,把社会糟蹋得不成样子,终于使几个少数民族入主中原,国家陷于大分裂、大混乱之中。天下动乱已极,人们盼望统一,于是出现了隋唐的统一。唐统治者采取儒、道、佛三者兼容并蓄的国策,儒学始终未能独尊于思想界。而且像唐太宗杀自己的哥哥李建成,而得以继位,唐玄宗杀韦后,拥父为帝,而得以立为太子,旋称天下,他们自己的行为就不符合"三纲五常",其他人也跟着学样,致使李唐藩镇割据,酿成五代之乱。以上是程颐对自秦至五代历史发展中的学术思想演变的概括。

二程认为,一个时代的学术主潮之所以会出现这样或那样的弊病,关键是不善变通,许多人没有领悟先王和圣人之意,只是模仿他们的一些行动,因此"学礼者考文,必求先王之意,得意,乃可以沿革"。程颐强调指出:"善学者,得圣人之意,而不取其迹。迹也者,圣人因一时之利而制之也。"程颢也说:"斟酌去取古今,恐未易言,须尺度权衡在胸中无疑,乃可处之无差。"这就是说只有站在天理的高度,掌握圣人之学的真谛,随时应变,才能保证变通沿革不出大的差错。由此可以看出,二程的历史观带有理学的色彩。

二程还认为在不同的历史时期,必须制定不同的政治措施以适应社会的变化。程颐赞成柳宗元在《封建论》中提出的观点。二程对秦的暴虐之政批评甚烈,但是在郡县制代替分封制这个问题上却作了肯定的回答,认为这是历史发展的"不得已"之势,是不可抗拒的,后世要恢复"封建"(分封制)之法是不可能的。但是二程并没有将这种认识贯彻到底,他们在用理学观点解释社会历史和历史人物时,表现出了某些复古思想。

首先，二程将历史分为天理流行的三代和人欲流行的后世。程颢说："三代之治，顺理者也。两汉以下，皆把持天下者也。"程颐说："先王制其本者，天理也，后王流于末者，人欲也。损人欲以复天理，圣人之教也。"二程认为三代之时，君主心术纯正，"此乃天德"，而"有天德便可语王道"，故而天理流行，社会充满了光明。三代以降，尤其是两汉以后，君王们大多丧失天理，只是以利欲之心治理天下，致使社会人欲横流，积弊丛生。因而要想彻底根除积弊，唯有使历史恢复到三代方可。二程也意识到了要恢复三代困难是很大的。程颐说："夫先王之道，虽未能尽行，然稽古之心不可无也。"也就是说，不能因为先王之道实行起来困难很多，就放弃主观的努力，千万不可缺少"稽古之心"，缺乏对理想中的"三代"社会的怀想和追求。

在二程心目中，历史愈古愈好，和后世相比，三代当然是好得无法与之比拟。然而三王时代和五帝时代一比，就不是那么尽善尽美了。程颐说："治天下者，当得天下最贤者一人，加诸众人之上，则是至公之法。"这就是说五帝具有至公之心，他们能不将天下私授予子，而是要择天下第一贤者"加诸众人之上"。相比之下，三王就稍逊一筹，三王实行家天下，尽管这也是"天下之公法"，但将天下私授予子终究是"私"而不是"公"。

二程认为要恢复三代是很困难的，然而只要时刻以三代之治作为追求的目标，终归会达到的。正由于二程以"天理"与"人欲"来划分历史时期，故而对三代以下的王朝几乎没有一个加以肯定的，尤其对汉唐批判甚多。如汉武帝、唐太宗等人在历史上属于有作为的君主，而到二程那里就被贬得很厉害，二程认为这些君主尽管有时将天下治理得比较太平，但毕竟是以"霸者之心"来君临天下的，故而不值得一提。以唐太宗而言，二程斥之为伦常纲纪的破坏者。他们说："唐之有天下数百年，自是无纲纪……若太宗，言以功取天下，此尤不可，最启僭夺之端，其恶大，是杀兄篡位，又取元吉之妻，后世以为圣明之主，不可会也……若是则今后父有事，安敢使其子？"二程认为即使唐太宗有一些战功和政绩，但也不能以此安享天下，他"杀兄篡位"，又夺其弟妻，罪大恶极，而后世认为他是"圣明之主"，实在是令人不可思议。如果此说成立，实际上是允许有功子弟进行"僭夺"，今后谁还敢再让子弟做事呢？

相比之下，程颐认为汉比唐要好一些。他说："汉之治过于唐，汉大纲正，唐万目举。"至于说到宋朝，由于二程身处其世，不敢过贬。程颐说："本朝大纲其正，然万目亦未尽举。"还历举宋朝超越汉唐之处，他称赞北宋"百年无内乱""百年未尝诛杀大臣"等，但不敢涉及宋开国之君的皇位从何而来的问题，因为宋室皇位是由陈桥兵变而篡夺来的。如果说唐太宗"其恶大"，宋太祖其恶又何尝小呢？不也是破坏了君臣仁义？二程对宋室表面上虽也颂扬几句，但在他们心目中宋室并不怎么样，认为唐太宗在政治上"万目举"，做了许多实际有效的事，而宋却是"万目亦未尽举"，政治上弊端不少。二程的这种历史观对后世理学家的影响很大，其中尤以朱熹为最明显。朱熹认为"尧舜、三代"与"汉祖唐宗"两者"终不能合而为一也"。在二程和后继者朱熹看来，人类社会的最高理想境界是"尧舜、三代",因而对社会不是向前看,而是怀古。尽管在他们历史观的具体论述中,掺杂着托古改制的因素,但总体上说消极的成分较多。

二程认为历史的总趋势是一代不如一代,这就需要圣人加以挽救和纠正。所谓:"必井田、必封建、必肉刑,非圣人之道也。善治者,放井田而行之而民不病,放封建而使之而民不劳,放肉刑而用之而民不怨。"这里二程过分抬高了杰出人物"圣人"的作用,以为历史是围绕圣人意志转动的,圣人可以改变历史的趋势,这样就完全冲淡了他们在肯定秦朝"罢侯置守"问题上所表现出来的合理见解。不仅如此,二程还认为历史的发展是按照五德转运的公式进行的。尤其是碰到一些自己无法解释的某些历史现象时,则公开提倡"直到不得已处,然后归之于命可也"。这就不免使其历史观又印烙着一些天命论的色彩,但二程历史观中含有不少积极的思想应该予以肯定。

二、变革是大事,要因时制宜

程颢、程颐在政治观点上较接近张载,而不同于王安石,自有其理学家特点的变革理论。首先,他们认为变革是天地之道,是必行的大事。

程颐认为天地阴阳的推迁改易形成春夏秋冬四时相互更替,万物才得到生长成终,他们从变易不断的自然现象,又进而论述到社会人事政治的变革。所谓"观四时而顺变革,则与天地合其序矣",这就是说社会人事政治也像"天道变改"一样,要随时变革。程颐说:"三王之法,各是一王之法,故三代损益文质，随时之宜。"程颢说："圣人创法，皆本诸人情，极乎物理，虽二帝三王无不随时因革，踵事增损之制。"二程把法制归结为圣人创立，然而他们认为圣人创法，主要是根据人情物理制定，随着时间推移，圣人的旧法也要变革，这种看法却含有历史的积极意义。

二程认为对先王之法全盘否定是不行的，但对历史的东西原封不动地照搬过来、全盘继承下来，这种食古不化的顽固态度也是不行的。程颢说："苟或徒知泥古而不能施之于今，姑欲循名而遂废其实，此则陋儒之见，何足以论治道哉！"并且他指出一味"因循苟且"，只能"卒致败乱"。程颐说古人席地而坐，用手抓饭吃，现在的人代之椅桌，食以刀叉筷相助，凡是前人不具备或不妥当之事，后人应随时增改损益。二程认为"礼"也是"以时为大，须当损益。夏、商、周所因损益可知，则能继周者亦必有所损益"。这是说夏、商、周三代所用的"礼"是不完全相同的，后代对前代的东西也总是要有所损益。"礼"是如此，社会风气也是如此。

程颐认为天下的风俗习惯，都是随着历史而改变的。秦朝抵制儒学很快就灭亡，汉代的兴盛是因为重视儒术，而一旦轻视了儒学，也就出现了东晋时代的人们放荡不羁的生活。由此，程颐又以掏井为例："井之为物，存之则秽败，易之则清洁，不可不革者也。故井之后，受之以革也。"井开凿的时间一长，沉淀物会愈积愈多，腐烂发臭。要井水清洁，只有经常掏涤。程颐认为对于腐败的政治也要如此，指出"时极道穷，理当必变"。又说："可以革天下之弊，新天下之事，处而不行，是无救弊济世之心，失时而有咎也。"强调不能失去变革的好时机，这些话绝非空论，而是具有很强的针对性。二程多次规谏北宋政权励精图治，革弊兴利。宋仁宗死后，宋英宗即位，程颐又劝说当效法古先王治理国家的经验，参考经典文献中的训导，坚定而努力地实行变革。并指出："为生民长久治安之计，勿以变旧为难，勿以众口为惑。"二程主张为了百姓们的长治久安，不怕艰难，不怕舆论压力，打消顾虑，大胆进行改革，去深锢之弊，图长久之计。

对于要不要改革、怎样改革的问题，二程认为事情当革则革，不革就会"失时而为害"。怎样才能断定应不应改革呢？这不是哪一个人说了算的，必须广泛听取各方面的意见，审稽公共舆论，不可刚愎自用，自行其是。如果以为公共舆论不值得一听，那就错了。"或以为已安且治，听任者当矣，所为至矣。天下之言不足恤矣，如此则天之所成也，当政而自新者也。"当然，所谓要审稽公论，只能局限在统治集团内部。

程颐认为，众人和下民的意见不是不可听，其中也不是没有正确的一面，但是实际上不可能把众人和下民的意见都一一征询不遗，能听到的只能是少数人的意见，而这又难免有"察之以一人之心，而蔽之以众人之智"之流弊。因此，征询公论有一个方法问题，最好是听取那些具有广泛代表性、政治经验丰富、为人正直者的意见。联系当时宋朝内部的具体现状考察，不难发现，所礼而问之的对象，就是司马光、吕公著等人。要不要进行变革，公论固然要听，然而这不是决定要不要改革的根本因素，其决定的因素是客观现实。二程曾认为王安石最大的毛病是刚愎自用，不肯听取公论，别人愈是反对，他愈要坚持。程颢说："介甫（王安石）性狠愎，众人以为不可，则执之愈坚。"程颢的这番话，是对审稽公论的补充说明，其目的是企图证明王安石变法违犯了公论。二程指出王安石变法中某些脱离现实、固执、主观、武断的毛病，这应该说是合乎实际的批评，但以此从总体上否定王安石新法，也就失之偏颇了。

二程还认为改革必须取信于民，顺应人心。二程认为只有取信于民的改革才能成功，要使改革取信于民，必须在变革之际把变革的内容详尽地申告天下，使人相信变革的好处。如果人们不是由于信服变革而自觉地实行变革，而采取强硬措施推行变革是不行的。当然，人心之信，要有一个过程，往往开始时是抱着观望怀疑的态度。这是因为人们习惯于守住老规矩，因循守旧，害怕变革。然而只要是好的变革，"其久也必信"，终经事实的证明，必取得人们的信任和支持，如果"始以为疑"而"终不为"，这种变革是不会成功的。要求变革顺应人心，认为不顺人心的改革不能致善治，这种理论本身有一定的可取之处，可是二程所说的顺人心也有其阶级局限性。他们多次指责王安石不顺人心。程颢曾说新法使得"四方人心日益动摇"，当面批评王安石做不顺人心之事："伯淳尝言：'学仲犹能言，出会当如流水，以顺人心。'今参政（王安石）须要做不顾人心事，何故？介甫之意只恐始为人所沮，其后行不得。伯淳（颢）却道，但做顺人心事，人谁不愿从也。"这是说王安石变法之所以"为人所沮"，是因为其"不顺人心"。其实王安石的新法是触犯了部分世家豪族的利益。

二程认为改革是一件了不得的大事，对此必须采取慎之又慎的态度。程颐说："变革，事之大也。必有其时，有其位，有其才，审虑而慎动，而后可以无悔。"一定要慎重对待"革天下之弊，新天下之治"，起码必须具备"时""位""才"三个基本条件。"时"，就是正逢亟待变革之时，早一天不行，晚一天也不行；"位"，就是要有适宜领导和参与变革的政治社会地位，最好能够得到上下信任；"才"，是指要进行变革的非凡才干。程颐认为"时""位""才"三者缺一不可。如果变革不得其时，过早了就是"无审慎之意，而有躁易之象"，迟了则是坐失时机，会招致"后悔"。如果没有很高的政治地位而提倡变革，就会发生人微言轻、孤立无援的局面，"而无体势之重"，"有僭妄之咎"。如果没有足够的变革才能，要想领导变革就不会正确地审时度势，举措得当，一有所为，处处失误，"则凶咎至矣"。

那么具备了"时""位""才"这三个条件，是否就可以使变革成功呢？这还不一定，这是因为变革最后的决定权操纵在皇帝手中，需要有主张改革的英明而善断的君主。提倡变革的权限在君不在臣。当臣子的，不可以在君主之先而提倡变革，必须君倡之而后臣以正道辅弼君主，这样变革才会成功。任何社会变革总是在特定的历史环境下进行的，总要具备一定的改革条件和社会基础。从这个意义上说，二程主张变革要有"时""位""才"为保证，有一定的道理。可是二程坚持认为变革条件必须万全，凡不具备万全条件则不能变革，否则是徒劳无益的，这种观点显然是片面的。正确的态度是既要求具备一定的变革条件，而又不苟求于万全。

程颐指责王安石变法不具备"时""位""才"，变法时机不成熟，变法的人们是平庸之辈，领导和参与变法的人不足，

"措置失宜"，应付不了大事情，因而这种变革将会带来一系列社会问题，不如及早取消。这样，二程的变革条件万全论也就窒息了他们原有的变革思想。

熙宁变法初期，程颢由御史中丞吕公著的推荐"授太子中允，权监察御史里行"，就在王安石手下工作，参与新法。这说明程颢起初并不反对变法，至少没有站在熙宁变法的对立面。和王安石一样，二程认为当时天下岌岌可危，形势严重到了非变革不可的程度。但是以什么学说（道）指导变革，采取什么样的变革措施，二程和王安石之间却存在着严重分歧，并随着熙宁变法运动的进一步深入而日益加剧。二程终于从赞成变法转为激烈的变法反对者，史称程颢是"新法之初，首为异论"，第一个冲出来反对。程颢几个月之间连上许多奏札，而程颐此时尚是处士，不在朝廷供职，但反对新法的激烈程度较之程颢有过之而无不及。在二程看来，王安石搞的新法必须立即废除。

是什么原因促使二程的态度发生如此剧变呢？关键在于二者所理解的"治国之要"不同。尽管当时二程和王安石所打出的旗号都是"先王之道"，但是"先王之道"是一个极其抽象的概念，谁都可以在自己的学说上贴这块标签，这就产生了同名异实的问题。王安石说的先王之道是经世致用的功利之学，反映在政治实践中，即要求改革北宋迂腐空疏之政，努力增加中央政权的财政收入，达到强国强兵的目的。二程所理解的先王之道是正心诚意的性命之学，因此他们主张改革必须从加强封建统治集团的道德修养着手。二程认为要想将天下转乱为治，首先要"格君心之非"，即克服封建君主思想道德上的缺点。程颐说:"治道亦有从本而言,亦有从事而言,从本而言,惟格君心之非,正心以正朝廷,正朝廷以正百官。"程颐认为实行王道仁政的根本是君心之正(诚),格除君心之非,使归于正,就可以使朝廷符合正道,百官也就会弃邪归正。如果君心不正,就必然会危及于政。

二程认为君主之心的"仁"与"不仁"或"正"与"不正"决定着天下安危治乱。君心"仁"与"正",天下一切政务就可以从容治理,也杜绝了一切乱政的根源,这才是治政之本。反之,听任君心不正,只是把主要精力耗费在纠正政务的失误和用人不当上,那么前者未救,后者又接踵而来,救不胜救。二程的这些观点显然是帝王意志决定论,二程反对王安石也是由此立论的。二程说:"介甫当初,只是要行己志……以是拒绝言路,进用柔佞之人,使之奉行新法。"这显然是出于二程的偏见。

儒家历来有重义轻利、尚德不计其功的传统,二程在此基础上又进而把义与利、德与功完全对立起来。他们不同意王安石在熙宁变法中提倡的兴利之道,认为兴利必然恶德,尚德则必反利。在他们看来,王安石变法不会收到什么好的效果,即使在某些方面有所成就,从长远利益考虑,也是得不偿失。程颐说:"设今由此侥幸,事小有成,而兴利之臣日进,尚德之风浸衰,尤非朝廷之福。"他认为王安石变法的根本目标是"兴利",王安石新党都是一些"兴利之臣",即使增加中央的一些财政收入,弥补部分国用不足,所谓"由此侥幸,事有小成",但是却造成社会道德风气衰败的严重后果。

程颐认为富国强兵是应该的,但不能以此作为最主要的目标去追求，否则"勤身劳力""夙兴夜寐"地去努力，结果非但不能搞好治理，相反只会导致失败，"招后悔"。这是因为人君"恃所据之势，肆求欲之心"，势必会对天下人发生影响，大家都依此行事，人人出于私心，无所不为，就会置公义于脑后，泯灭道德，其后果不堪设想。

二程认为王安石新法不好，特别以青苗法最坏，程颢多次请求宋神宗废除青苗法。王安石推行的青苗法，原是由国家向农民贷款以备购农事所需资料以及解决青黄不济时的生活困难，总的说来是有利于发展农业生产的。诚然，青苗法在贯彻执行过程中也有一些缺陷，一些负责向农民贷款的提举官往往自行其是，根本不问哪个农民是否需要贷款，预先就把国家准备的贷款分配给农民，并先扣除利息，这就是程颢所说的"预估青苗法利息"。程颢抓住这一点，全盘否定青苗法，认为国家推行青苗法，向农民贷款收息，这是"兴利"，危害很大，所以要首先反对。这也正是二程尚德不尚利理论的必然反映。

为了从根本上否定新法，二程对熙宁新政的理论基础——王安石新学进行了批判。首先，他们贬低新学的理论价值。他们指责"介甫之学，大抵支离"，"而且读之数篇，其后尽能推类以通之"。这是说新学不成系统，其中并无新意。鉴于当时王安石新学在社会上的巨大影响，二程提出必须以主要精力整顿新学。

二程认为释、道两家之说是有害的异教，应该力辟，但这不是当前的首要任务，可以暂时不去"理会"。释、道两教对人们的毒害，与王安石的新学比较起来，实无足轻重，故主张对王安石新学要首先加以"整顿"。二程关于改革有一个基本观点，即"革之有道"，认为熙宁变法恰恰是以错误的王安石新学为理论基础的，可谓"革之不得其道"，因此应该彻底纠正过来。二程和王安石在变法指导思想上的分歧，终于演变成在变法运动中的严重对立。

二程对新法的态度和司马光还是有一定区别的。司马光是元祐党中的领袖人物，他对于新法一概否定，必欲急速地全部加以废除。二程则认为有些新法还有可取可改之处，比如免役法就不便废除。司马光上台后，全面废除新法，程颐要人带信给司马光"切未可动着免役法，动着即三五年不能得定迭去"，但这条意见未被司马光采纳，结果免役法还是被废除了。这说明程颐对新法还是区别对待的。二程曾婉转地批评司马光对新法的态度失之偏颇，很难与之讨论问题。程颢说："君实（司马光）忠直，难与说。晦叔解事，恐力不足耳。"程颢为人向来以随和著称，连他都感到司马光是个很难说话的人，可见司马光执拗的程度了。至于程颐和司马光意见不合更为明显。二程的学生有一条记载："伊川与君实语，终日无一句相合。"程颐和司马光整天说不上一句投机的话。"无一句相合"可能有点夸张，但二人意见经常相左，难以一致，当是事实。

由于这一缘故，司马光重新执政后想重用程颐，却遭到程颐的谢绝。"温公初起时，欲用伊川，伊川曰：'带累人去里，使韩（维）富（弼）在时，吾犹可以成事。'"程颐感到在司马光手下工作，太累人，也难做成事，所以他一口气回绝不干。

在对待新党的问题上，二程的态度则比较冷静，认为变革问题上的论争是政见的不同，而不是根本利害的冲突。二程认为新法带来的弊端，新党固然要负主要责任，但旧党也有一定责任，"须两分罪可也"。他们认为，熙宁初年，旧法已经有不少弊病，以致天下岌岌可危。从这个意义上说，王安石想革除旧法，是可以理解的。程颢和孙觉事先已经了解到宋神宗倾向王安石，其实这时只要对王安石以诚相待，王安石未必坚持己见。可是张戬却过火地指责王安石之议为"大悖"，弄得王安石大怒，在宋神宗面前竭力争辩，从此形成水火不容的新旧两党。

二程的意见是，当时注意一些策略，必要时可顺从王安石的部分意见，然后再慢慢地劝说王安石回心转意，可能不至于产生党争，新法也就不至于遍行天下了。这是说王安石执政初期并没有和"君子"们格格不入，也希望司马光、范尧夫、张戬等人采取合作态度。然而"君子"们因为正直，看不惯王安石的做法，拒绝合作，以致王安石不得不从"并用君子小人"到专用小人。假若当时众君子以大局为重，不意气用事，"未与之敌"，王安石也不至于全用小人，等时机成熟，新法也就慢慢改回来了，所造成的危害不会像现在这么大。二程的这一番话正说明了他们在对待新党的策略上和司马光等人有区别，他们在司马光重新执政后，也曾希望司马光对新党采取宽容态度。程颢认为旧党执政后，不能对新党进行全面罢黜。虽然他们认为这些"元丰大臣"都是"嗜利者"，但不能对他们逼之太过，否则容易因激生变。二程在当时的"党争"中，反对王安石的功利之学和"执拗"作风，但同时也对司马光一概废除新法，不讲"存其善而改其弊"的做法不满。

二程作为理学家，讲究道德性命之说，轻视功利，表现了某些迂腐的思想，但是他们也较重视现实中的矛盾问题，清醒地看到当时宋王朝"土崩瓦解之势",觉得非变革不可,并提出了有一定进步意义的变革见解,基本上属于温和的改革派,不能由于他与王安石政见上的分歧而论定其为守旧派。

三、由才德兼备的"贤能之士"在位掌权

北宋时期,冗官为患,一大批官僚尸枕禄位。二程认为这是天下不治、社会混乱的主要原因之一,必须从根本上加以克服,这就要求举贤任能,充实、改变北宋官僚机构。

二程认识到天下广大,事物繁杂,这对于任何个人来说都是无法独立承担其治理重任的。二程认为君主的才能虽然是一般人臣所无法比拟的,但仅凭一个人来治理天下是办不到的,只有依靠贤臣的辅助方可奏效。程颐以古代圣王为例,说明求贤臣之助的重要。如商高宗在未得到傅说时,除了留心贤能之士,其余什么事都不干,因为天下再没有什么事情比求贤臣之助更重要的了,而一旦得到傅说之后,立即着手于百废俱兴,天下充满生机。

程颐进一步作如下的论述:君主是发号施令的,完全不必临乎细务琐事。劳于事者是人臣的职分,君主只要倚任贤臣,使用众臣之智治理天下,就能"不劳而治"。相反,君主不相信贤臣,只想依靠个人之智操纵天下之事,很难避免挂一漏万的命运。这样看来,君主自任其智,以人之身,临乎天下之事,看上去似乎大智大睿,其实是很不明智的。而只有善于撷取天下人之长,运用天下人之智,才能"无所不周"。因此对君主来说,最主要的任务是发挥众人之能。程颢说:"周公不

作膳夫、庖人、匠人事，只会兼众有司之所能。"周公礼贤下士，据说为了不失去任何一次求贤之机，连吃一顿饭也被打扰了三次。二程由此得到启发，他们认为周公之所以能把天下治理得井井有条，是因为"会兼众有司之所能"。

二程进而分析了君主不任众人之贤智的危害。按照君主专制的原则，君主应当"居至尊之位，据能专之势"。作为君主专制制度的维护者，二程为什么断定这有时会成为"危道"呢？就是因为君主一旦刚愎自用，拒绝天下之善，使"天下之议"不尽，容易产生纰漏，即使君主具有很高的政治才干，"苟专自任"，后果都难以预料。至于中常之君、平庸之君，情况就更糟。二程的这些观点不仅在封建政治生活中具有一定的积极意义，而且在认识论上也很有见地。

二程认为君主要成天下之治，就必须举贤任能。程颐说："天下之治，由得贤也，天下不治，由失贤也。"又说："夫古之圣王所以能致天下之治，无他术也。朝廷至于天下，公卿大夫，百职群僚，皆称其任而已。何以得称其任？贤者在位，能者在职而已。"古时为什么能致天下之治，根本问题在于古之圣君得到贤者之助，位得其人。他认为能不能保证"贤者在位，能者在职"，关系到天下之治与不治，必须引起足够的重视，以圣王为例，"汤武得伊吕是也"。殷汤代夏而兴，是由于汤得伊尹之力；周灭商而王天下，全靠吕尚之保。推而广之，自古以来，所有的圣君都是得力于贤臣之助而整治天下的弊端。至于柔弱之君，就更需要"刚明之臣"，利用这些"贤才"辅助己之不能，天下就能转危为安，如"刘禅之孔明，唐肃宗之郭子仪，德宗之李晟是也"。刘禅、肃宗和德宗就其才能来说都是一些柔弱之君，但由于他们得到孔明、郭子仪、李晟这些贤能之臣的有力辅助，力克天下之难，保住了至尊地位。为此，二程提出了"多由助而有功"的命题。二程的上述论断，实际上是对独断论的否定，从而也否定了君主全知全能的神话，同时又解决了尚贤的理论依据，这在当时具有一定的积极意义。

要保证"贤者在位，能者在职"，就必须知道何为贤能之士，这个问题不解决，就成为一句空话。程颐说："盖有天下者，以知人为难，以亲贤为急。"这是说君主所重用和亲近的必须是名副其实的俊德之人和贤能之臣。凡名不副实，肯定非坏事不可，究竟何为俊德之人和贤能之臣呢？二程提出了自己的标准。二程认为贤臣应当是上不辜负君主的信任，下不失民众的期望，不违背自己的志向，又一心一意辅弼君主"成天下之治安"的人。很明显，这种人既要对君主绝对忠诚，又要治理好天下，即必须一要志诚，二要才足。

程颢曾和张载在洛阳专门讨论了这个问题。程颢认为天下之士中，有些人想为朝廷出力，但是才能不足，而有些人虽然有一定的才干，却缺乏对朝廷的一片至诚。只有"才"和"诚"有机地统一起来，才能有补于世，"才"和"诚"缺一不可。在"才"和"诚"二者之中，诚是第一位的，没有对朝廷的一片至诚，即便勤于职事，取得功业，也是事出侥幸，不能维持长久。对于缺乏至诚的人，尽管才足功高，也绝不可重用。"小人者，虽有功不用也，故戒使勿用。"二程认为小人平时就容易骄逸，如果功高一时，就更会骄横跋扈，极难驾驭，因此小人愈有功就愈不可重用。

当然，小人有功也应该赏赐，"赏之以金帛禄位可也"，但"不可使有国家而为政也"，不应该让他们掌握国家政权。汉朝开国将领英布、彭越就是因为功高而被封为诸侯，致使拥兵自重，犯上作乱。这些人虽有才却缺乏"至诚"。二程强调"至诚"的同时，又指出不可忽视"才足"。"自古守节秉义而才不足以济者，岂少乎？"虽然有些人对于朝廷忠诚不贰，然而缺乏才干，还是不能使天下由乱及治，转危为安。从能成天下之治安的原则出发，二程认为所谓贤君必须志诚才足，懂得"帝王之道，教化之本"，天下只有他们来治理方能太平无事。

明确了贤者的内涵，就要讲究致贤之道。二程认为天下贤者是不多的，没有多少人真正掌握"帝王之道，教化之本"。程颐说："自古学之者众矣，而考其得者盖寡矣。"但绝对不是说天下无贤，人才总是有的。程颢说："天地生一世人，自足了一世事，但恨人不能尽用天下之才，此其不能大治。"

有一次程颢和宋神宗就人才问题发生过一场争论。神宗认为当世无贤，说："朕未见之。"程颢不同意神宗的说法，认为这是"轻天下士"。程颐指出，天下贤才有的是，只要君主求贤至诚，方式适当，像古时皋陶之类的大贤都可以找到，至于一般的贤能道德之士也就更多了，问题在于君主肯不肯至诚求贤，求贤之道是否正确。对于顺从自己的人要"察其非"，考察其人是否存在严重缺点；对于与自己意见相左的人，则要考虑其人之言是否有道理，"求诸道"，当用道德标准去衡量。如果君主喜欢迎合己意而排斥与己意相异的，偏听偏信而不明察，就会看不清坏事，受了欺骗也不会发觉，发展下去，势必出现秦二世时赵高指鹿为马的事件。正确的用人原则应是"天之取舍一以公议",举贤任能当坚持以天下为公的原则,"夫王者之取人,以天下之公而不以己,求其见正而不求其从欲",不能以个人的好恶取士。

二程激烈反对科举取士制度,他们认为科举取士不仅被选进的人数少,"岁止一二人而已",而且所选拔的只是一些无实际才能的"博闻强记之士"。这些人"唯专念诵,不晓义理,尤无用者也"。如果让他们治理国家,不啻是让"胡人操舟,越客为御",非坏事不可。原因很简单,他们并没有学过"帝王之道,教化之本"。国家取士的目的是要选拔治国之士,而科举取士达不到这一目的,所以必须废除。二程设想以推荐制取代科举制。程颢说:"凡选士之法……在州县之学,则先使其乡里长老,次及学众推之。在太学者,先使其同党,次及其博士推之。"由于推荐人和被推荐人朝夕相处,熟悉其人品才能,因而由乡里长老和学众、同党与博士互相推荐,比较符合贤能之士的标准。为防止以荐贤为名,行引援私党之实,必须将那些举非其人的推荐者绳之以法,加以处罚,革除官职,终身不聘用,对于那些推荐中犯有过失者亦要官降三级。朝廷在任用选士之前,还要进行必要的考察,"问之经以考其言,试之职以观其材,然后辩论其等差而命之秩",要经面试通过后,再经试用合格,最后则定其合适的职位。

程颢主张成立延英院,一方面显示朝廷优礼贤能之士之意,另一方面"凡有政治则委之(选士)详定,凡有典礼则委之讨论,经书得以奏陈而治乱得以讲究也"。在实际的政治生活中考察选士,这样就可以使"贤者在位,能者在职"了。二程认为对于确实具有优异"材识器能"的人,必须破格提拔。

"有宰相事业者使为宰相,有卿大夫事业者使为卿大夫,有为郡之术者使为刺史,有治县之政者使为县令。"他们坚决反对论资排辈,以资历取人。程颐认为专守常规,只用些平庸的人,而不用拔尖的优异人才,这是很大的损失。还说:"自古以来……有规之守常,以资论人,而能致大治者乎?"二程认为按照常规"以资论人",是不能发现真正贤者的,也不能致天下大治。应该说,这个观点对于当时冗官为患有针砭的意义。

二程认为要保证贤能之士心甘情愿地为朝廷所用,首先,朝廷要以厚禄养贤。程颐说:"国家养贤,贤者得行其道。"为了使贤能之士专心为国家效劳,就应该解除贤者为谋衣食而奔走之忧。程颐认为朝廷把贤者举而在位,享受国家俸禄,吃朝廷的饭,这不只是贤者一人之事,尤为重要的是朝廷觅到了治理天下的人才,这对天下是有好处的。相反,冷落贤者,不给他以俸禄"自食于家",这对国家是个损失。程颢指出,这就是说要以丰厚的物质待遇招聘贤能之士,使他们有一个安定的环境专门"讲明正学",研究朝廷政事之得失。

二程认为要使贤能之士在处理国家政务时发挥更大的作用,不仅要许他们以优厚的经济待遇,最要紧的是在政治上予以充分的信任。程颐说:"信之笃则人致其诚,任之专则得尽其才,礼之厚则体尊重而其势重,责之重则其自任切而有功。"二程全面论述了对贤能之士信笃、任专、礼厚、责重的意义。他们认为君主对贤者充分信任,任用专一,要求担负的责任重大,贤能之士们就会对朝廷竭尽忠诚和才智,不敢有疏玩之心,这样就会为朝廷干出一番轰轰烈烈的事业。如果不是这样，贤能之士非但不能发挥应有的作用，相反还会产生种种意想不到的弊端。二程通过这两方面的论述，比较透彻地阐明了他们在任用贤能之士问题上的看法，这固然表明了他们要求参与朝政的热切愿望，但也确实提出了不少有价值的意见。

四、治理社会"须立善法"

和一般的理学家不甚同，二程高度重视峻法严刑对封建政权的维系作用。程颐说："法者，道之用也。"又说："凡为政，须立善法。"这表明了二程对于法在政治生活中所占的地位的基本态度。

二程认为老百姓生来气质昏蒙，愚昧顽劣，他们既不知天，又不安命，这就很容易无所顾忌，为所欲为。因而要他们安分守己，则必须一开始就对他们实行严厉的刑罚，禁止他们的非分之念，越轨之举，使他们从心底里感到害怕，这样天下就不难治平了。这就是程颐说的："发下民之蒙，当明刑禁以示之，使之知畏，然后从而教导之。"程颐不完全同意尚德不尚刑的传统见解，他认为在治理天下的过程中，刑与德二者不可偏废。他说：古圣王治理国家，一是用刑法来约束，规范人们的行为，这叫"齐其众"；二是通过道德教育，移风易俗而"善其俗"。"刑罚立而后教化行，虽圣人尚德而不尚刑，未尝偏废也。"这是说"刑"是用来"齐其众"的，"德"（教化）为"善其俗"的用途。由于"刑"与"德"的功用不同，它们不能相互代替，故而缺一不可。程颐接着说："为政之始，立法居先。"他认为老百姓在其昏蒙未开之际，很难以理晓谕，只有实行治蒙以刑。

因为昏蒙深深地禁锢着百姓的头脑，不去其昏蒙桎梏，他们就无法领悟圣人的教诲，接受不了圣道，"善教无由而入"。而要去其昏蒙，唯一的办法就是用严刑重罚约束他们的思想与行为。尽管这时他们尚无法理解"圣人"们为什么要对其实行"刑禁"的苦心，然而由于畏惧，只好被迫顺从"刑禁"，而"不敢肆其昏蒙之欲"，时间久了百姓的昏蒙桎梏就会慢慢解除，也就可以渐渐接受教化，"知善者，而革其非心"。由此可见，程颐是把"刑禁"作为"教化"的必要前提，"刑"与"德"相互补充，这就是他强调"未尝偏废"的原因。

现在的问题是，先刑罚后教化是否就是孔子批评的不教而诛、陷民于罪的做法呢？程颐不同意这种见解。他认为对于昏蒙之民，一开始就立法制刑，"明其罪罚"，让他们知道哪些事情可做，哪些事情不能做，使他们在指定的范围内行动，为他们设立了立身处地的"防限"，到一定的时候，昏蒙之民就会知道其中的道理，而"渐至渐化"。因此，"立法制刑"本身就包括了教化的因素，先刑后教是不能和"不教而诛"相混淆的。尽管刑罚看上去令人畏惧，然而却是使昏蒙之民晓事明理不可缺少的环节。"先王观雷电之象，法其明与威，以明其刑罚，饬其法令。法者，明其理而为之防者也。"雷声轰鸣令人提心吊胆，电光闪烁叫人明了趋向，先王制法立刑就是由此得到的启发。

其实，任何一部刑法都体现着统治阶级的意志，它的产生绝不是哪个先王之作，其根源是当时的社会政治经济结构。二程不能清楚地认识到这一点，他们本能地感到先王之所以立法制刑，主要是用来对付"下民"的，程颐认为"下民"是刑罚的主要对象。他说，"下民"处于社会最底层，犯小罪，则用轻刑，一有过失，就用刑具拷其足，灭其趾，让他们备尝惩罚的滋味，而从心底里感到害怕。这样，他们就不至于由于小过而发展为大恶。"小惩而大诫"的原则，体现了"圣人"对"下民"大恩大德，就"下民"而言，这实在是难得的福气。二程认为对"下民"实行的小过轻刑的原则，也适用于那些被胁迫犯罪的人。他认为如果对于一般的"渐染诖误"者而用重刑，毫无宽宥的话，天下就会不胜其诛。打击面过宽，容易树敌过多，对封建统治不利，因而对这些人要实行"宽宥"，允许他们有一条自新之路，但是对于其中罪魁祸首和冥顽不灵者必当惩以重刑。

  二程认为痛惩强暴之人，不仅可以使这些人不再敢逞其强暴，而且还能起到惩一诫众的作用。程颐认为有罪必罚，罚则不赦。历史上不少封建帝王每逢改元之际或重大喜庆之事则大赦天下，以示好生之德。对此，程颐颇不以为然。他认为被刑罚的人有两种：其一是由于过失事故，造成灾害；其二是故意犯罪，危害社会。对于前一种人实行大赦还说得过去，而对"自作之罪"就不能赦免，因为赦免他们就会危及"善人"，因而不问对象，不分具体情节就一概实行赦免的做法对好人无益，对治理社会亦无益。诸葛亮治理蜀国长达十年之久，就没有实行过一次赦免，正是考虑到赦免那些"自作之罪"的囚犯"何尝及得善人"的弊病。从法学的角度考察，程颐的这种说法具有一定的眼光。

  程颐重视法的作用，并不主张死守于法。他认为只要不害于法，则不妨在执行法令时稍有变通。他说死守于法的人是不会有什么大的作为的，要有作为，则必须在执法过程中稍有"迁就"。程颢在做地方官时就是这样做的，效果很好，人们也不认为程颢"害于法"，关键在于"尽诚为之"。所以，门徒吕进明将赴河东为官，向程颐请教"为政何先"时，程颐要他既要守法，但执法又要灵活，不能为法所拘。

关于治狱，程颐提出了以柔处刚的原则。程颐认为治狱只强调刚强，很容易导致严暴而不近人情，相反过于柔弱，也会失之"宽纵"，故而治狱应掌握以柔处刚、刚柔结合的原则为好。无论是柔还是刚，最根本的还是要根据具体的情况而定，这就要求弄清案情，辨别真伪。

他指出，断析狱讼最要紧的是要对其中具体的情节掌握清楚，这样在治狱过程中就不会发生冤案。"明"与"威"是相辅相成的。"明"即明察，查明事实真相；"威"即威刑，对于其中的邪恶之徒科以重刑。因而"明"是"威"的前提，"威"是"明"的结果，其中尤以"明"为要紧。程颐说："天下之间，非刑狱何以去之？不云利用刑，而去利用狱者，卦有明照之象，利在察狱也。狱者所以究察情伪，得其情则知为间之道，然后可以设防与致刑也。"与"明"相比，"慎"则显得更加重要。程颐认为自恃明辨，贸然行事，最容易产生偏差与失误。只有郑重其事，考虑周详后再作决定，方可准确无误。"君子观明照之象，则以明慎用刑，明不可恃，故戒于慎明，而止于慎象。"但是慎重不是拖拉，处理狱讼要及时，不能旷日持久，悬案未断，致使当事人"留滞淹久于狱中"。他说："观火行不处之象，则不留狱。狱者不得已而设，民有罪而入，岂可留滞淹久也？"程颐指出对罪犯要有一些恻隐之心。

程颐很重视狱官的作用。当有人说"治狱之官不可为"时，程颐明确表示不同意这种说法，他认为："苟能充其职，则一郡无冤民矣。"这就是说一个主管州县刑狱的地方官能否称职，则关系重大，"能充其职"者或可使地方上少有一些冤假错案的发生。

二程可能受宋代朝廷优待士大夫政策的具体环境以及孔子"刑不上大夫"的思想的影响，认为处罚有罪的大臣必须采取与惩处下民不同的方法，"小过不用正刑"，即使犯有大罪，也不要辱之太甚。程颐和张载曾就一少监被逮捕下狱之事，进行过关于卿监以上官员犯罪如何惩处的问题讨论。

程颐根据中国古代社会历来存在着罪不罚贵的陋习，也认为公卿大臣经常接近君主，属贵人之列，不能"逮系"。即使君主有令，司法部门也要坚持"贵贵"之常法，在审讯公卿大臣时，若给他们戴上枷具就辱之太甚了，也不符合"贵贵"之义。如果这不是君主意思，而是办案官员主动给罪臣加上桎梏，这就更加错误，必须坚决纠正。卿监以上的官员越狱逃跑了，也不要去将他追捕归案，据说这也是为了尊重朝廷。对于程颐上述这些观点，张载提出了疑问。张载认为如不给卿监加之桎梏，罪犯不肯招供以致"狱情不得"，怎么办呢？程颐回答得很干脆，"宁狱情之不得，而朝廷之大义不可亏也"。也就是说宁可使狱情模糊，也不能对犯官辱之太甚。程颐还主张在处罚犯官时，不要将其罪行公布于众。

程颐认为古人在审讯犯罪官吏时，都是含糊其辞，不直接暴白其罪。如罪责贪官时，只说"簠簋不修"，即行为不检点，而不直斥"不廉"。程颐很欣赏这种做法,他对当时给犯官动辄判决为徒刑流放、笞以杖刑的做法颇不满意,说"殊无养士君子廉耻之道"。这联系到前面程颐在对待"昏蒙之民"问题上的态度,实在大相径庭。"下民"一有小过,即用"校木械",灭其趾;但对确有大恶重罪的公卿大臣却不要加桎梏,越狱也任其所便,甚至连"深指斥其恶"都不行。程颐这种道学家的迂腐之谈,在当时也是行不通的。

第5章

二程的经济思想

二程为了宋王朝的长治久安，对当时严重存在的"国用不足"、财政匮乏的局面深为忧虑。程颢在出仕的第二年就说："不是吾儒本经济，等闲争肯出山来。"他们苦心孤诣地想为宋朝廷寻求解决"国用不足"的最佳方案。在此过程中，二程注意汲取王安石和司马光两种对立的经济思想中的部分因素，形成了自己独有的经济主张。

一、"以食为本"，解决百姓的吃饭问题

民以食为天。百姓的衣食问题解决得如何，往往直接决定着某一王朝的兴衰存亡。程颢、程颐敏锐地察觉到了当时社会经济萧条所孕育的巨大社会危机。程颢说当时"虽富室强宗，鲜（少）有余积"，虽然有些夸大其词，但是"饥赢满路"却是广大百姓悲惨境遇的真实写照。百姓的衣食问题愈来愈成为严重的社会问题。程颐说："今天下民力匮竭，衣食不足，春

耕而播，延息以待，一岁失望，便须流亡。"即使是丰年乐岁，在封建统治者"竭民膏血"的超经济榨取掠夺之下，老百姓也是饥寒交迫，难以温饱。程颐指出：在平常的岁月里百姓受饥寒的也"十居八九"，即使在好年成"丰年乐岁"也是"饥寒见于道路"。和二程同时代的王安石也曾有过类似的说法："丰年不饱食，水旱尚何有？"二程和王安石政见上有分歧，经济思想亦不尽相同，然而在对当时社会经济形势的基本估计上，二者却得出了大致相同的结论。丰年乐岁，尚且不能饱食，"饥寒见于道路"，一遇到水涝干旱之灾，百姓们就几乎没有活路，老弱病残饿毙于沟壑，身强力壮的被迫走上反抗的道路。

就二程的主观愿望来说，他们要求广大劳动群众恪守封建秩序，然而他们又不能不看到老百姓为了生存，愤而高举义旗，反抗封建统治的严峻事实。程颐惊呼，北宋封建统治集团犹如使自己置身于积薪之上，稍不留神，就会被熊熊烈火化为灰烬。二程被这种深刻的社会危机吓得"神魂飞越"，他们提醒北宋最高统治者正视这一社会现实，励精图治，避免官逼民反的事发生。为此，二程提出了"保民之道，以食为本"的主张。程颢说："然谷者，民之所生也，不可一日无之。"粮食是人们赖以生存的最主要的生活资料，一天都不能缺少。二程认为如果能保证天下百姓都有饭吃，有衣穿，百姓就会安居乐业，也容易接受"孝悌忠信"的道德。

二程的出发点是十分清楚的，既要老百姓"率之易从，劳之不怨，心附于上"，而又"无奸宄盗贼之患"。但要达到这个目的，其基本前提要保证百姓"衣食足"；如果"衣食不足，风俗何缘而可厚"？程颐说："彼庶民者，饥寒既切于内，父子不相保，尚能顾忠义哉？"这是说人们一旦到了上不能赡养父母，下不能抚养子女的地步，便会产生怨望之情，"思寇之心"。二程在这里说的"思寇之心"，就是指人们中间滋长的反抗意识。二程提出的"保民之道，以食为本"的命题，着眼点是为了防止这种局面的发生。

应该指出，"以食为本"的口号，虽然是由二程明确提出，但却不是二程特有的主张。作为一种经济思想，它很早就产生了。远的且不说，先秦时代孔子就有过"足食、足兵，民信之矣"的说法；《管子》说得更明确："衣食足而知荣辱"。二程"以食为本"的命题是对上述这些传统思想的继承。"以食为本"的思想在中国历史上虽说源远流长，但不是所有封建社会执政者都能清醒地认识到这一问题的严重性，并在自己的政治实践中加以认真解决的。

二程直觉地意识到老百姓的足食丰衣，和封建政权的"固而不可摇"之间存在着一定的内在联系。"为政之道……以厚民生为本。"二程一再强调让百姓生活丰厚，这是当权者必须遵循的为政原则。"厚民生"，话说起来比较轻松，而要实现这一预定目标却非轻而易举，首先要以足够的粮食为物质基础。二程建议封建统治集团要高度重视粮食储备的工作，即使是太平盛世，也不可放松这件事情，所谓"太宁之世，圣人犹不忘为备，必有九年之蓄，以待凶岁"。至于多事之秋，衰颓之世，更要"不忘为备"，要尽一切可能节省粮食，保证所有粮食都用来充饥饱腹。

程颢、程颐一生反对别人饮酒，他们自己也很少饮酒。他们认为酒只是一种祭祀之物，不能作为日常生活的消费品，即使是家境富裕的人们也不应该经常饮酒，至于一般老百姓更不应该与杯中物有缘。

二程反对饮酒的理由有两点：一，人们往往以酒使气，趁醉生事，容易做扰乱社会秩序的事情；二，酒不会从地下冒出来，要耗费大量的粮食才能把酒酿成。人不饮酒无碍于事，而人不吃饭则无以生存。因而，大量造酒是与"以食为本"的原则相冲突的，必须加以严格控制。程颐认为由于酒的实用价值不大，需求量很少，故而不必各地都有酿酒作坊的存在。但是酿酒可以牟取厚利，以致官府酿酒，民间也酿酒。酒一多，不管有事无事，人们经常聚集在一起滥饮，这不仅是"惰民业、招刑聚寇"的原因之一，而且也白白糟蹋了大量粮食。故而酒实为"民食之蠹"，二程极力主张要减少酿酒数量。程颐把酒贬为"损民食、惰民业、招刑聚寇"之源，未免失之偏颇，然而他主张少酿酒，少饮酒，使民食短缺的情况有所"少充"却是有一定道理的。

为了解决民食问题，二程主张所有的土地都只能种粟谷。程颐说："有土地，要之耕而种粟以养人，乃宜。今以种果实，只做果子吃了，种糯，使之化为水饮之，皆不济事，不稳当。"二程以为水果不能充饥，以土地种果树是一种浪费，种糯米酿酒也没有好处。为什么土地都要种粟，那是因为粟是人们填饱肚皮的食物。鉴于这种认识，程颐认为无论是种果树还是种糯稻，都是"不稳当"的。作为一种经济思想，程颐这一观点非常浅薄，而且有点幼稚，然而又是与他们"以食为本"的思想相一致的。

二、"渔猎有节"，保护自然资源

农业生产的季节性很强，这是劳动人民从长期的生产实践中得出的结论，故而不失农时的问题一向为人们所重视。早在战国时代，孟子就提出"不违农时，谷不可胜食也"的思想。二程既然关心农业生产，当然知道农时在农业生产中所处的地位。他们多次强调要"不夺其时"，而要做到这一点，首先要准确地把握住时机。程颐说："而事之最大最先，在推测天道，明历象，钦若时令，以授人也，天下万事，无不本于此。"他认为根据天道的变化，制定历法，明确时令，从而采取相应的措施，安排农时的生产活动，这是天下最大的也是首先要解决的问题。程颐还进一步具体叙述了春夏秋冬四季农事安排的大致情况。如"仲春之候，使无差天时"，要抓紧"播种在田"，"民析散处田野耕作"；夏天要加强田间农作物的管理，时间紧张，所以"民因就居于野"；秋天是"收成之时"，此时庄稼都成熟了，"岁功将毕，民获卒岁之食，心力平夷安舒也"；冬天，"既成今岁之终，又虑来岁之始"，虽然这时比较空闲，但也不是什么事情都不做，而是要利用这段时间，为来年的农事作好充分准备。

总的来说，二程对农事活动的安排讲得尚嫌笼统，但其中的意思则相当明确，即不误农时。二程认为农忙季节，要使大批劳力进行"农畴之务"，绝不能任意抽调健壮农人去从事其他徭役，这样就可保证年成。有一次程颐在回答门徒提出的"孔子何讥阅"这一问题时说，一个国家，是需要加强军事武装的训练，然而讲习武艺、检阅军队这类事情则必须在农闲时进行。农忙季节边境有警，碰到紧急变故，无法顾及农事，那是无可奈何的事情。当无边患、无内变的情况下，置农忙而不顾，大规模检阅军队，以兵妨农，这就是属于轻举妄动了。程颐以为孔子之所以要讥评鲁国八月阅兵之举，就是因为它以兵妨农。从程颐对"孔子讥评鲁国盛夏阅兵"这一历史事件的解释中，可以看出他是把自己的观点掺杂进去了。在他看来，农忙季节如无意外情况，必须毫无例外地以农事活动为中心，其他一切事情都要服从"农畴之务"，只有这样，才是"不夺其时"与"使民以时"。

水利是农业的命脉。它的兴废不仅关系到人们的身家性命，而且直接影响农作物的生长，关系到收成的丰歉。北宋中后期，水利失修，经常洪水泛滥为灾为患。程颐曾把北宋多灾推诿于"五德之运"。"唐是土德，便少河患。本朝火德，多水灾，盖亦在此理。"这一观点无疑是荒谬的，但是他又认为多水灾虽属天命，却又可以"人夺"。治理水利，主要靠人的努力，而不能指望神仙。张载在礼院任职期间，奉旨为龙女评定品秩衣冠。程颐对此颇不以为然，他对张载说："龙女衣冠不可定。龙，兽也。衣冠人所被，岂有禽兽可以被人衣冠？若以为一龙，不当立数十庙，若以为数十龙，不当同为善济夫人也。大抵决塞，莫非天地之佑，社稷之福，谋臣之功，兵卒之力，不知在此，彼龙何能为？"这就是说堵塞泛滥的河水，主要是官吏指挥有方，士兵们舍生忘死的努力，龙在根治水灾中有什么功劳可言？为龙女定衣冠，"依封号夫人品秩"，是很荒唐的。二程指出应把主要精力放在"人夺"之上，而不要依赖于像龙之类的神功上，这是靠不住的。

二程很重视水利兴治，要求将此作为治国急务之一来抓。程颐曾向有关方面建议开放泾河。程颐认为历史上郑、白两渠对解决关中的粮食起了很大作用。现在两渠失修，未能发挥应有的灌溉之功。如果抽调相应的力量，根治郑、白两渠恢复其灌溉功能，秦中地区一年可增加数百万斛谷子，这对于解决秦中百姓衣食严重不足的困难和降低物价都有莫大好处。程颢更是在自己的官涯中，多次领导兴修水利，收到较好效果。

二程认为万物都有自身的规律，要使其兴旺，就必须遵循"万物之性"，使"万物各有成性存之"。二程重视农业生产，臆测到了保护自然资源的意义。程颐说："夫物之幼稚，必待养而成。"他认为万物都有幼稚之时，在这段时间内，不仅应该严格禁止对其采用，而且要护养得当，才能使万物成其大。程颢说得更为透彻：山林河峰各有管理人员，有明文禁令，所以"万物追丰，而财用不乏"。他对当时破坏自然资源的行为提出了尖锐的批评：由于对山上的树木乱砍滥伐，森林覆盖面积大为减少，山上的红土都露了出来仍不知节制，还在那里"斧斤焚荡"，用斧头滥砍树木，放火焚烧山林，不断进行破坏；过于频繁的捕捞水产，川泽之中水产差不多已经没有了，还在那里竭泽而渔。这样"用之无节，取之不时"，严重违反了万物生长的本性。这种趋势如不迅速扭转，后果不堪设想。程颢大声疾呼要及早建立"虞衡论职"（虞、衡是古代管理山林、河道的专职人员）管理制度，保护自然资源。这一经济观点不仅在当时具有很大的经济价值，而且至今仍有启迪意义。

总之，二程的经济思想中不乏某些有价值的观点，但其中也散发着迂腐的气息，具有理学的特色。有一次，程颐和一位不知名氏之客发生了一场争执。程颐认为"牛壮食其力，老则屠之"的做法是"小人无行"的证明。无名客则认为这样做无可非议，因为"牛老不可用，屠之犹得半牛之价，复称贷以买壮者，不尔则废耕矣。且安得刍粟无用之牛乎"？程颐对这位无名客的观点表示很不满，他认为让无用之老牛空耗刍粟是"知义"的行为，相反屠杀老而无用之牛则是"计利而不义"。只要"知义"，"衣食不足"的问题就不会发生。很显然，在这场争论中，无名客的观点是可取的，相比之下，程颐的说法则显得迂腐，理学家的气味很重，未能达到其经济思想应有的深度。

三、发展农业，主张"耕者有其田"

中国封建社会一直是以自给自足的自然经济占主导地位的，而农业是这种经济结构的最主要骨架，因而以往古代学者大多数都主张重农抑商，他们认为只有农业生产是本，其他一切生产部门和经济行业都是末。二程继承了这个传统的经济观点，他们认为要解决当时国用不充、衣食不足的唯一办法是发展农业生产。

程颢把当时天下衣食不足的原因归咎为直接从事农业生产的人太少，因而他们认为为了保证"衣食易给"，就必须设法使社会上闲散的劳动力直接耕田种地。程颢注意到了当时存在着大批"浮民""游手"的现象。据其统计，仅京师一带，"浮民""游手"就超过百万之众，这确实是一个令人头痛的社会问题。这些人空耗现有的衣食，但又不能为社会生产出任何新的物质资料。长此下去，社会是没有力量来负担他们的生活的。二程虽然看到了大量"浮民""游手"造成的严重社会问题，但他们不可能也无法理解之所以产生"浮民""游手"的根本社会原因。

二程认为如果听任"浮民""游手"的"日益岁滋"，非但"衣食易给"是句空话，而且还会带来更为严重的社会危机。为此，二程把"劝农桑"作为当世急务之一提了出来，要求执政者加以注意。

程颐认为把社会上所有的"浮民""游手"均"驱之稼穑"，使他们辛勤劳作，是完全可以生产出足够的粮食和布帛的，除了缴纳国家摊派的各项赋税之外，还能"丰余之自得"，这才是为生之本。二程的这一设想带有很大的主观臆想成分，因为果真使所有的"浮民""游手"都参加了农业生产，也确实能生产出一定数量的粮食，但是在封建统治者的残酷经济剥削下，广大劳动群众仍然不可能达到所谓"丰余之自得"的程度，这是显而易见的事实。然而由于农业经济一直是封建经济的命脉，农业生产的好与坏，收成的丰与歉，往往直接影响着全社会经济状况的繁荣或萧条，甚至直接和某一封建王朝的兴亡紧紧联系在一起。二程强调要社会闲余劳动力"驱之稼穑"，这对于发展农业生产、提高社会生产力无疑有着一定的积极意义，同时对于百姓的"足衣食"及国家的"国用充足"也多少有所裨益。

为了防止人们逃避农业生产，弃农经商或从事其他职业，二程主张严厉惩罚不肯力穑的惰农，对于弃农而从事其他行当者要加重赋税，只有这样，惰农才不会产生，从事农业生产的人才不会见异思迁，安心于"力穑"。二程认为应该把奖勤罚懒作为社会制度固定下来，使之具有法律效力。

采取一定的奖惩手段，对于发展农业生产是完全必要的，但这些还不够，仅仅是起到将人们束缚在土地之上的作用。要想进一步提高农业生产的效力，则必须设法调动"力穑"者的积极性，使他们从心底里乐于从事农业生产。二程指出种田耕地确实辛苦，其所谓"稼穑艰难"。执政者要体恤农民的艰辛，"食谷必思始耕者，食菜必思始圃者"，知道种田不易，为政者才能以"民力为重"。程颐以周公辅弼成王为例，说："（周公）欲成王知先公致王业之由，民之劳力趋时，稼穑之艰难如此。"

怎样才算体恤到了"稼穑之艰难"呢？二程提出的标准是对"力穑"者实行"厚生之利"，即让种田的人生活得好些。程颢认为"稼穑艰难"，农民虽然劳作不易，但只要切实保障他们生活富裕、安定，农民就会不辞辛劳地进行垦殖，自然不会再发生放下庄稼而逃的事情。这就是程颢所说的以佚道使民的主要内容。"大抵善治俗者，率俗以敦本；善使民者，顺民而不劳；道皆出于优佚，令无勤于绎骚。"程颢认为一旦老百姓知道劳动是为了自己过好日子，要想生活得好，首先要付出辛勤劳动，那么即使农活再繁重些，农民也会毕力于"农畴之务"，陶醉于丰收的快乐之中。然而，二程意识到要设法提高广大劳动者的积极性，必须从国家所制定的法令上得到反映。

二程所处的时代，土地兼并现象十分严重。在最高封建统治者的直接纵容下，大地主官僚疯狂地进行土地兼并，或是廉价买进，或是倚势强占，全国的肥田沃土几乎全部控制在大地主、大官僚手中。一方面占田过多，无力使全部土地都种上庄稼，致使"膏腴之田，遂成荒田"；另一方面是大批农民无寸锥之地，被迫到处流浪，成为新的"浮民""游手"，造成了社会生产力的严重衰退，不仅使"贫者流离饿殍而莫之恤"，而且也直接减少了国家的财政收入，这是"国用不足"的根源之一。二程敏锐地察觉到问题的严重性，主张对于当时严重的土地兼并之风要加以纠正，不能听任其发展。程颢说："事已穷极……岂可谓无可奈何而已哉？此在酌古变今，均多恤寡，渐为之业，以救之耳。"他认为要从兼并者那里分出一点土地，使无田者有田可耕，这就可以初步解决百姓吃饭和国用不足的问题。

二程认为古代百亩土地折合当时宋代的四十亩，基本上可以养活"九口之家"，故不妨仿照古代土地所有制的形式，即"井田"的办法，"授民以田，制民以产"。一个男子授田百亩，五至八口之家吃饭问题便有着落。程颐说："一夫上父母，下妻子，以五口至为八口为率，受田百亩，如有弟子，是余夫也。俟其成家别受田也。"二程认为这个问题一定要落实，否则耕者无其田，怎能摆脱贫困呢？灾荒之年，发国库之藏粟赈济饥民是必要的。然而只输不入，只出不进，就会坐吃山空，国库总有枯竭之时，而饥民又不断产生，总会有一天"不可胜济"。程颐说："不制民之产，无储蓄之备，饥而发廪以食之，廪有竭而饥者不可胜济也。"他的意思是饥民问题仅靠搞一些赈济解决，不过是扬汤止沸，决非长久之良策。最根本的是要让农民本身有一点产业。程颐认为百姓无业可守，就会"苟度岁月""人用无聊",容易产生奸宄之心,这批人汇集在一起,一有风吹草动,就会形成很大的反对朝廷的势力,这是关系到天下治乱的大问题,绝不能等闲视之。程颢认为,国君代天统治天下百姓,他的主要职责是要使百姓有一定的不动产,衣食有着落。在当时的社会经济结构中,唯有土地才算得上是"恒产",人们社会经济地位的升降,主要是通过占有土地的多寡而体现出来的。二程主张通过"正经界,均井田",逐步过渡到以口授田,制民恒产。

"正经界,均井田",相传是西周盛行的土地所有制形式,自从孟子对井田制进行具体的美化,提出"夫仁政必自经界始"的观点之后,不少人将它当作救世的灵丹妙药,然而多数人没有将它认真付诸实践,其中个别人如南宋朱熹曾在自己的管辖地区实验过,但很快就失败了,被人讥为"妄行经界"。二程关于"正经界,均井田"的观点,并不完全囿于传统的见解,在论述中也有不少自己的看法。

张载和二程一样,也一直主张"正经界,均井田",他们曾就此问题进行过认真的讨论。程颢认为实行井田是为了社会的贫富有所均等,而社会上贫者多、富者寡,所以同意的人多,反对的人少。他说:"井田今取民田,使贫富均,则愿者众,不愿者寡。"程颐则认为井田既然在古代行得通,现在也必然有用。他说:"岂有古可行而今不可行者?或谓今人多地少。不然,譬诸草木,山上著得许多,便生许多。天地生物常相称,岂有人多地少之理?"程颐的意思是天下的土地总是和人口对称的,即不存在人少地多或人多地少的情况,因而以现在人多地少而否定实行井田的论点是错误的。张载认为治理天下而不实行井田制终究不能太平，所谓"治天下不由井田，终无由得平"。在张载看来，实行井田制于国于民都有好处，故而是轻而易举的事，只要朝廷颁布一条均井田的法令就可大功告成。

应该说二程和张载在井田制问题上的看法是大致相同的，所不同的是张载的态度比较乐观，他认为推行井田制不会遇到什么阻力，二程则认为事情不那么简单，在"均井田"问题上，尽管"愿者众，不愿者寡"，然而这里的"愿者"是大多数无"卓锥之地"的贫苦农民，"不愿者"则是兼并大量良田沃土的大地主、大贵族以至皇亲国戚。他们的人数虽少，而能量却很大，要推行井田制，势必要妨害到他们的利益，这就很难保证朝廷将均井田的法令公布天下，当然也就谈不上贯彻实行了。程颐认为，实行均井田，"限田产则妨于贵家"，会影响到皇亲国戚，这就很难使朝廷下决心制定"限田产"的法令。

从这一点上看，程颐的看法要比张载清醒。当有人提出"井议不可轻示人，恐致笑及有议论"时，张载认为："有笑有议论，则方有益也。"其间充满了自信的情绪。程颐则表示只要方法对头，即使目前行不通也无关大局，总有行得通的时候。他说："不行于当时，行于后世。"他们在讨论中，由张载提出了均井田的具体方案，二程原则上是赞成的，认为"议法既大备，却在所以行之之道"。

二程认为，"正经界"可以不必拘泥地形的宽平、山河的曲直，可以通过折算的办法把土地分给百姓，所谓"地形不必谓宽平可以划方，只可用算法折计地亩以授民"。很显然，二程和张载等人的设想，旨在对当时严重的土地兼并进行部分改革，使老百姓有部分耕地，因而不是没有任何积极意义的。但是二程和张载等人的设想毕竟在事实上行不通，这是因为封建的社会经济结构和生产关系在唐宋之际发生了重大变革，"官户"与"乡户"地主代替了旧有的门阀士族，封建地主阶级对"客户"与佃户进行的租田制剥削代替了"部曲""徒附"的直接人身控制和奴役，土地私有制性质得到了进一步加强。宋代土地所有权的变更，主要是通过买卖来实现。由此可见，在宋代社会的经济结构中，以口授田已经失去了可能性，因而不管二程和张载把"正经界，均井田"的方案设计得如何周密，但永远只能是"空中楼阁"。

还应该指出的是，二程强调以口授田，虽确具有抑制豪强兼并的用意，但更主要是为了巩固宋王朝的政权，如果农民失去土地，就会"流离转徙"，流动人口过多不利于封建统治的稳固。相反，人们有了土地，免了颠沛流离之苦，有安居乐业的社会环境，国家才能长治久安。

土地兼并的结果，进一步扩大了贫富之间的差距，社会矛盾日趋激烈，北宋开国不久的公元993年，就爆发了著名的王小波、李顺农民起义，起义者们指出了"吾疾贫富不均，今为汝均之"的口号，它反映了广大农民要求均平的愿望。二程当然不会赞成这种"均贫富"的口号，然而他们却不能不正视官逼民反的事实。二程希望能缓和贫民对富人的仇恨情绪，其办法是富人要做到"与众同欲，不独有其富"，把多余的一部分财产"济其众"，指出"富者推其财力与邻比共之"，目的是以"推其财"的手段笼络人心，在多事之秋的艰难时刻可以得到"众力之助"和"在下之助"。因而富人平时散一点财，"非独推己力以及人",而且他需要别人"成其力"。

二程要实现"均多恤寡",就不得不寄希望于"富者"的施舍,然而二程要求富者"推其财"的主张,显然是与虎谋皮,注定是不能成功的。但是二程反对豪强的土地兼并,企望耕者有其地,使严重的贫富对立有所缓解,这种善良的愿望与王安石颇为相近。王氏的《兼并》诗内有"三代子百姓,公私无异财"之句。二程的上述思想也正是孔子所谓"不患贫惟患不均"观点的体现。

第6章

变化气质的道德修养论

　　二程的人性论是理学本体论的延续，也是修养论的发端。它充当着由"哲学"向伦理学过渡的不可缺少的中心环节。和以往人性论不一样，二程的人性论主要探讨人性善、恶来源以及如何迁善改恶等问题，从而打破了那种"江山易改，禀性难移"的传统说法。

　　人性是什么呢？说到底它是社会关系的总和，世界上只有具体的人性，而没有抽象的人性，离开人的社会性去侈谈人性，结果是愈说愈不清楚。人性问题是中国哲学史上被议论得最多的问题之一。二程的人性论不同于历史上任何一家之言，但它最终的建立，却是在对以前各家人性论的批判和撷取中形成的。

　　人性问题也是宋儒讨论最多的基本问题之一。张载率先提出"天命之性"和"气质之性"的命题，试图解决自先秦以来有关善、恶的问题。张载"天命之性"与"气质之性"的区别，给二程"变化气质"人性论的建立以很大的启发。

一、"变化气质"说明人的禀性可移

二程同意先秦告子"生之谓性"的定义,但告子没有区分人之性和物之性,而是一概论之,否认了万物之特性的客观差异。二程认为,赋形于天地的万物具有共性,但物与物之间存在各自不同的特性。

二程同意告子"生之谓性"的说法,但不同意告子的"性无善无不善"的观点。二程赞扬孟子的性善论,提出"道即性"的命题,为性善说提供了理论的依据。问题是既然把"性"规定为"理"或"道",它自然是"未有不善""天然自足",为什么有些人会有"不善"的意念和举止呢?既然人性中包含的是仁、义、礼、智、信,为什么还有悖逆伦理纲常、道德败坏的人呢?如果单从性善说的角度解释,显然是无法自圆其说的。为此,二程将"性"区分为"天命之性"与"气质之性",企图以此来说善、恶的来源。因此二程在继"性即理"的命题后,又提出了"性即气"的命题,"生之谓性,性即气,气即性"。程颐认为"性"之所以有善与不善的区分,主要是由于禀气清浊的缘故,其所谓"禀得至清之气者为圣人,禀得至浊之气者为愚人"。二程将"性"分为天命之性和气质之性。由于禀气的不同,各种人的气质之性的差异也随之产生。圣人的气质之性和天命之性是和谐统一的。众人的气质之性有善有恶,是善多恶少,还是善少恶多,要具体分析。这一类气质之性和天命之性不太一致,有时会发生冲突。愚昧顽劣的气质之性最糟糕,它与天命之性处于尖锐对立的状态中。

二程认为从天命之性的角度考虑，众人和圣人是没有区别的，它具备了完全的仁、义、礼、智、信等品质；众人和圣人的主要区别在于气质之性，和圣人的气质相比，众人的气质偏驳不纯，"有偏胜处"，它遮蔽或污坏了本身固有的天命之性，使之不能充分显现出来。众人要想成为圣人，这就有一个变化气质的问题，即不断地纠正气质之性中的不纯成分，使人逐步和天命之性一致起来。众人原本的"天命之性"在不同程度上都有所"污坏"，因此都非要修治不可。

二程认为人的不纯气质不仅能够改变，而且应该改变。他们认为人和动物的最大区别在于人得"天地之中"，具有"仁义之性"，如果不能消除偏驳气质的污染而恢复"仁义之性"，这就与禽兽相差无几了。

究竟怎么才能改变不纯的气质之性呢？二程认为首先要恪守传统的道德原则。程颐曾为自己撰写了视、听、言、动"四箴"。他认为一切都要按照"礼"的要求贯彻视、听、言、动，使天命之性得到很好的养护，从而达到圣人境界。程颐在古稀之年对弟子张绎说："吾受气甚薄，三十而浸盛，四十五十而后定，今生七十二年矣，校其筋骨，于盛年无损矣。"言下之意是，即使像他这样禀气甚薄的人，只要"非礼勿视、听、言、动"，都可以使自己的气质好起来。

二程又认为人的积习在改变先天的气质过程中，具有十分重要的作用。程颐说："今观儒者自有一般气象，武臣也自有一般气象，贵戚自有一般气象，不成生来如此，只是习也。"

程颢也说"积习而有功"。二程认为"儒者""武臣""贵戚"的气象各不相同，都带有自己的身世、职业特征。这种气象不是先天的,而是后天长期"积习"诸方面的熏陶所致。程颐又说,积习既久,能变成气质,则愚昧柔弱的气质之性就可以变得清明刚强,再也不会干出悖逆传统、道德的事情了。

二程还认为改变气质的方法因人而异,难求一致,但一定要针对自己的特点进行。例如,人的气质有刚有柔,性格刚猛的要使之收敛,性格柔弱的要使之坚强。又如,子路的刚猛,连孔老夫子都吃他不消,后来通过学习,改变了性格。因此对于柔弱的人来说,要使自己的气质向刚强方面转化,而性急的要向性缓方向努力,过于倔强的要努力把自己培养得温厚一些……从教育学的角度考察,二程强调"积习而有功"和针对自己的特点来改变自己的不纯气质,也不是没有一点合理因素。不过,这种变化气质的主要意义,在于给当时还不能自觉与儒家道德完全一致的人一条出路,要求他们加强传统的道德修养。

二、"存天理,灭人欲"是二程伦理道德观的核心

"存天理,灭人欲"是二程伦理道德观的核心。理欲之辨,在中国历史上曾长期为学者们所争论不休,这个争论主要涉及伦理道德和物质欲望的关系问题,概括起来大致有以下三种情况。

第一,"理存乎欲"。这种观点主张伦理道德要建立在物质基础之上。如先秦《管子》一书的作者曾提出"仓廪实则知礼节,衣食足则知荣辱",认为礼义荣辱观念必须以"仓廪实"和"衣食足"为前提。

第二，"以理节欲"。这是在承认人的基本物质要求是合理的前提下，主张用道德规范对无止境的物质欲望加以限制，不使它放纵，如战国时代的荀子就是这一观点的倡导者。

第三，"存理灭欲"。这种观点认为伦理道德和物质欲望完全对立，不容并存，以消除人们物质欲望作为建立封建伦理道德的前提，如秦末汉初的《礼记·乐记》作者就是这种观点的倡导者。

上述这些观点的争辩，上溯先秦，下延明清，以宋代为烈。二程的理欲观是对历史上理欲之辨的总结和继承，同时又深深地烙上了时代的印记。他们坚决反对"理存乎欲"的观点，主张"存理灭欲"，同时也多少汲取了"以理节欲"的部分见解，形成了他们自己的特有的理欲观，对后世起着极为重大的影响。

人生活在世界上，总需要有维持生存的起码条件，比如饮食男女之类。人不吃饭穿衣就会饿毙冻死；没有男女的交感，人类就无法繁衍延续。对于这一点，二程的认识比较清醒，如其不然，他们就不必一再提醒北宋统治集团注意"以食为本"之类的问题了。二程承认人的物质欲望是随生命而产生的，程颐说："口目耳鼻四支（肢）之欲，性也。"这是说人活在世上总是口欲食，目欲色，耳欲声，鼻欲味，四肢欲安逸的。这种"口目耳鼻四支之欲"是生来固有的，它来自天性，在所难免，因而对于这种"欲"，是不能将其灭绝，也不必灭绝的。

但是，在满足"口目耳鼻四支之欲"的时候，不能存有"私吝心"，使私欲膨胀。程颢说，为了维持生存，每个人都需要"饥食渴饮，冬裘夏葛"，这是"天职"，但不能只为了满足自己的私欲，就不考虑别人也有同样的需要。如果一个人专门为自己打算，远远超过"饥食渴饮，冬裘夏葛"的基本生活要求，发展到奢侈的程度，这就不是"天职"，而是必须反对的"私欲"（人欲）。

程颐认为人如果心地公平，没有贪欲，不去做"求自益以损于人"的事，即不侵犯到别人的物质利益和物质欲望，只是想满足起码的物质生活条件，那么，别人是乐意给予帮助的，这也不会引起别人与自己的争夺。相反，"蔽于自私"，欲壑难填，只"求自益而损于人"，势必引起众人厌恶而攻击之。由此看来，程颐说的人欲，并不是指人们为了延续生存而要求的起码物质条件的欲望，而是"将自家躯壳上头起意"的"自私"欲望和追求。正是鉴于这种认识，二程并不笼统地主张禁绝民欲。

二程认为绝对地禁止"民之欲"，这是"强人以不能"，实际上也办不到。圣人制定那么多的礼仪、威仪，并不是为了禁止"民之欲"，而是为了防止人们无休止地膨胀自己的物欲，禁止其奢侈生活，使"民之欲"纳入合"理"的轨道。人活在世界上，总想生活得好一点，即使是圣贤也在所难免。程颢说："以富贵为贤者不欲，却反人情。"圣贤们也想富贵，那种以为圣贤就不稀罕富贵的观点，是违反人之常情的。相传孔子最得意的门徒颜回生活清贫，然而不改初衷，从而得到孔子的夸奖。程颢认为颜回处于贫困的境遇中，仍然很快乐，其中另有其乐的原因，那并不是为着"一箪食，一瓢饮，在陋巷"的贫困生活而快乐，贫困本身是没有什么可乐的。程颐则说："颜子箪瓢，非乐也，忘也。"颜回并不是真的认为"一箪食，一瓢饮"的贫困生活是快乐的,而是因为有其他的追求,而忘记了当时窘迫的经济生活。

考察二程的这些基本观点,不难发现这和历史上荀况"以礼制欲"的观点很有类似之处。荀子曾说:"好荣恶辱,好利恶害是君子小人之所同也。"荀子认为物质欲望、物质利益皆人所需求,君子和小人是没有什么区别的。但是封建等级制度是绝不允许小人有和君子一样的物欲和享受的,如果允许小人和君子生活得一样富贵安乐,社会则承担不了这么多的物质需求,势必要引起天下大乱和争夺。为了防止争夺引起混乱,就应该使"欲"受到"礼"的限制和约束。显然,二程提出的"非绝民之欲",而"使之入道"的思想,和荀子提出的"制礼义以分之,以养人之欲,给人以求"的观点并无实质性的分歧。

但这只是问题的一个方面,更重要的是他们从当时封建统治的实际出发,人为地把"人欲"与"天理"对立起来,认为"人欲"出于"私心","天理"出于"道心"。二程说:"人心私欲,故危殆。道心天理,故精微。灭私欲则天理明矣。"《古文尚书·大禹谟》曾有"人心惟危,道心惟微,惟精唯一,允执厥中"的说法,由于当时作者没有进一步展开说明其确切含义,故而留给后人以相当大的发挥余地。宋儒认为这是古圣贤(尧、舜、禹)心心相传的关于个人修养和治理国家的原则,称它为"十六字心传"。

二程认为"人心"表现为"私欲",是危险的,"道心"代表着"天理",故而精微。"人心"和"道心"处于尖锐对立的状态中,不言而喻,"人欲"(私欲,有时亦简称"欲")

也是和"天理"对立的,二者互相斗争着。由此,他们提出了"存天理,灭人欲"的口号,终于导致了严重的禁欲主义倾向,而与前面提出的"口目耳鼻四支之欲,性也"的命题相矛盾。

在先秦,真正提倡"无欲"的是以老庄为代表的道家。二程总体上不反对道家提倡的无欲的观点,断定"嗜欲深者,其天机浅"的说法是最正确的。他们认为人之所以不明天理,主要是因为"嗜欲乱著也"。二程将"天理"与"人欲"比喻为交战的两人,天理"欲为善",人欲"欲为不善",常人心中时常存在着这两种不同倾向的激烈斗争。圣人心中全是天理,没有人欲,所以他们没有"心疾",即不存在天理与人欲交战的体验。

二程认为人一感觉到自身的存在,就不免有自私之心,人一有私心,就要追逐外物以求奉养,"汲汲于势利",故人欲难灭。二程一再坚持要"窒欲""灭欲",提出了以下几点意见。

首先,人不能志于富贵。二程说:"若志在富贵,则得志便骄纵,失去则便放旷与悲愁而已。"二程认为如果人一心想求富贵,以富贵为人生唯一追求的目标,就会出现获得富贵则"骄纵",失去富贵便"悲愁"的现象,因此要求"自家身与心"和天理保持一致,自居清贫,做到"寡欲"以致"无欲"的程度。程颐说:"养心莫善于寡欲,不欲则不惑。所欲不必沉溺,只有所向便是欲。"一个人对外物一无所求,自己的"身与心"就不会被外物所诱惑,这样"自家身与心"固有的"天德"或"天理"就不会丧失了。

其次,必须以封建礼教来约束自己。程颐说:"视听言动,非理不为,即是礼,礼即是理也。不是天理,便是私欲。人虽有意于为善，亦是非礼。无人欲即皆天理。"程颐明确宣布封建主义之礼就是天理，只要一切行动都按照礼的要求去进行，也就克服了人欲。二程特别强调指出，遵循封建主义之礼，应该高度自觉，不能有半点勉强的意思和成分在内，只要有一点"有意"为之，就不是纯粹的天理了。与此同时，还必须经常反省自己有无与封建主义之礼相悖逆的地方。

再次，必须"克己"去私。二程认为人之所以有欲，主要是因为自私。"公则一，私则万殊""多欲皆自外来，公欲亦寡矣"。二程一向认为人欲就是自私，而天理就是公。人欲和天理是对立的，私与公也是对立的。自私就会灭公，大公则去自私，公私不可兼顾。其实"公"与"私"从来就不是抽象的概念，在不同时代具有不同的内容。二程说的"公"指的是封建地主阶级的根本利益，而"私"则是指触犯了地主阶级根本利益的个人利益。接着二程讨论了"公"与"仁"的关系，他们认为"仁"就是"公"。要想成为仁者，就一定要消除私意，越彻底越好。尽管他们也意识到克己的困难，谓"克己最难"，然而为了地主阶级之公，"私"则非排除不可。

二程认为只有排除了私心，人们才会准确地认识到自己所处的社会地位，才能明确自己所承担的社会责任，用他们的话就是"有诸己"。"克者，胜也。难胜莫如己，胜己之私则能有诸己，是反身而诚者也，凡言仁者，能有诸己也。"所谓克己，就是以封建主义道德观的要求克服自己的物质欲望。一旦这个任务完成了，不仅恢复了秩然有序的封建主义之礼，而且也恢复了人的本质，从凡人跨进了"仁者"的行列。二程认为不克己不行，克己不彻底也不行，要克就要干净彻底。"虽公天下事，若用私意为之，便是私。"这就是说，仅仅为了求得公的效果，做出一副公的样子，是不行的，重要的是要在思想动机上具备纯粹的公的观念。

二程这种公私观对于调整封建地主阶级内部的利害关系，要求本阶级的成员从地主阶级的"公"出发，克服危及这个"公"的私欲，不是没有意义，问题在于以此作为社会道德观念的准绳，要求社会全体成员都必须以地主阶级大公来要求自己，这就变为统治农民阶级和其他劳动群众的精神枷锁了。

二程"存天理，灭人欲"的命题，包含了对封建统治者诤谏的成分。二程曾多次规劝封建帝王"节嗜好之过"，要"正心窒欲""防未萌之欲"，提倡当"知小民饥寒稼穑艰难"，体恤百姓的贫苦。然而，这些谏议很难收到实际的社会效果。

和理欲观相对应的是义利之辨。二程认为人不能无利，无利人就不能生存。程颐说："人无利，直是生不得，安得无利？"故圣贤亦要利。二程认为虽然人不能无利，但一定要做到利不妨义。

"所谓利者一而已，财利之利与利害之利，实无二义，以其可利，故谓之利。圣人于利不能全不较论，但不致妨义耳。乃若惟利是辨，则忘义也，故罕言。"二程认为尽管人无利不生，却不能由此而提倡利，圣人虽亦非"全不较论"，然而对于"利"的"较论"要以不妨害义为原则，所谓"以义而致利"，如果舍义而取利，就必须坚决反对。如果公开提倡利，就会产生趋利之弊，导致"夺之于君，夺之于父"的情况发生，而直接危及"大义"。在二程看来，人非但不能趋利，而且"利心"也不可有。"不独财利之利，凡有利心，便不可。

如作一事,须寻自家稳便处,皆利心也。圣人以义为心,义安处便为利。"至此,二程已将义与利尖锐地对立起来。求利则弃义,求义则弃利,二者不可兼得之。"义"和"利",二者有着极其严格的界限,是君子和小人的最后分野。二程认为君子是全义而忘利,考虑任何问题"更不论利害""惟看义当为与不当为"。小人则是徇利而忘义,只知"趋利而避害"。这种义利观反映了儒家传统的社会道德观念。

第7章

二程的教育思想

二程兄弟是理学的主要奠基者,又是具有相当影响的教育家。他们一生以极大的热情致力于教育事业,即使身处逆境,也从未放弃整理、诠释儒家经典和聚众讲学等活动。程颐曾说:"吾四十岁以前读诵,五十以前研究其义,六十以前反复绅绎,六十以后著书。"这个自述不仅表明了程颐严谨的治学态度,而且也说明了他一生从来没有离开过教育事业。

程颐晚年被政敌指控为"以邪说诐行,惑乱众听",下河南府"体究"(审查)。其门人对程颐苦心孤诣地从事教育活动的行为不甚理解,认为他这样做未免太"劳苦"了。程颐对他们解释说:"今农夫祁寒暑雨,深耕易耨,播种五谷,吾得而食之。今百工技艺作为器用,吾得而用之。甲胄之士披坚执锐以守土宇,吾得而安之。却如此闲过了日月,即是天地间一蠹也,功泽又不及民,别事又做不得,惟有补辑圣人遗书,庶几有补尔。"

以上这段自白的意思是说:农民播种粮食,大家有饭吃;

工匠制作器具，提供人们日常生活之需；军队拿起武器保卫疆土使人们能过安定的日子。作为"士"这个阶层的任务就是从事古籍整理，"补辑圣人遗书"有助于讲学兴教的事业，否则"闲过了日月"，便成为天地间一条有害的蠹虫了。在长期的教育实践中，二程开创了较为完整的颇具特点的教育思想。它一方面是二程理学思想在教育领域中的具体运用，同时又是二程治学经验的总结，在中国古代教育史上占有一定的地位。

一、读书为了明白道理

二程充分认识到教育对于巩固政权有不可忽视的作用。程颢认为天下不治，风俗不美，才能不足，主要是缺乏应有的良好教育所致，要扭转这个局面"惟朝廷崇尚教育之"。在这里，二程把教育作为"万世行之"的"王化之本"。他们认为只要坚持以"道德仁义教育之"，久而久之，人们就会受其熏陶，对现存的政权必矢志不渝地加以维护，从而进一步巩固封建王朝的统治。这也就是二程希望朝廷崇尚教育的根本原因所在。一定的教育目的，决定了一定的教育内容。为了培养人们的道德品质，二程主张要以学习儒家经典著作为主。程颐说："治经也，实学也，譬如草木，区以别也。道之在经，大小远近，高下精粗，森列于其中……为学，治经最好。"程颐说的"经"，是指儒家经典，其主要著作除了《中庸》外，尚有《诗》《易》《论语》《孟子》《春秋》《孝经》等。二程认为所有的儒家经典都是"涵蓄浑然，无一精粗之别"，因而不能厚此薄彼，都必须认真学习。然而由于各经论述问题的角度有所不同，所强调的侧重点不同，这样就要根据各经的具体内容进行学习。

"凡看书，各有门庭。《诗》《易》《春秋》不可逐句看，《尚书》《论语》可以逐句看。"二程认为《尚书》是古代历史文献的汇编，《论语》是孔子言论的总集，对于修身治国关系最为密切，因此必须逐字逐句研习，才能领悟其中的微言大义。至于《诗》，由于作者成分复杂，其中有些作品并非佳作，而《易》深奥难懂，《春秋》是一部历史著作，因此这三部书只要弄懂大意就行了，不必逐句看。在学习这些儒家经典的顺序上，二程主张先学习《论语》和《孟子》。

程颐这里说的并不是除攻读《论语》《孟子》之外，其他儒家经典就不必认真去学，而是说学习《论语》《孟子》这两部著作，可以直接掌握孔、孟圣贤的思想原则，在这基础上再去学习其他的经典著作，就容易入门。程颐以《春秋》为例，具体地说明了学习《论语》《孟子》与学习其他儒家经典的关系。《春秋》和其他经典相比有一个显著的特点，其他经典以直接阐述抽象的义理为主，而《春秋》则是通过具体历史事件的叙述表明自己赞成什么，反对什么，比较形象化。但是判断是非，首先要"识得个义理"，方有个评判的标准，故二程除了以《论语》《孟子》《中庸》三书为领悟义理的入门书之外，《大学》也属于入门的教材。《大学》之所以被二程列为"入德之门"的教材，主要是因为《大学》是"孔子之遗言"。

二程除强调学习《论语》《孟子》等著作外，还论述了学习其他经典的意义。如说到《诗》，二程认为《诗》和其他经典相比，其最主要的差别就在于它并非出自一人之手笔，参与作诗的人并非"皆圣贤",故而其中有些篇章竟把君主比作狡童、硕鼠,不合义理。但是《诗》毕竟是经过孔子挑选的,孔子在选编《诗》时,"取其意思,止于礼义",保留下来的绝大多数诗是合乎"礼"的,学者学习《诗》是完全必要的。程颢曾说过这样的话:"学者不可以不学《诗》,看《诗》使人长一格价。"因为《诗》为"礼之文",时时吟咏之,不仅可以振奋人的学习精神,而更为重要的是可以增加识别"治乱之兴废"的能力,知美恶是非,这样人的身价自然会提高。

在儒家所有的经典之中,二程一生用力最多的当推《周易》,程颐认为关于其他儒家经籍,都可以交给别人注释,只要这些人的学术观点基本上符合程氏的看法即可,而关于《周易》的诠释,则非程颐本人亲自担任不可。在涪州编管期间,程颐前后历时十三年,撰写《周易程氏传》,书成之后,还一再表示"只说得七分,后人更须自体究"。门人请求其传授《易传》,在较长的一段时间里,他没有允诺,足见他对《易》用力之深,而又极其严慎。从现存的《周易程氏传》看,它确实是程颐的力作。程氏俨然以当世《易》学权威自居,认为孔子之后,就再也没有人能真的读懂和理解《易》了。其实,程颐对王弼治《易》的成就并没有一笔抹杀,他不满意王弼以老庄的观点治《易》,同时又认为王弼的《周易注》是后世诸多解《易》著作中较好的一个本子,不失为后世学者学《易》的参考书。二程对《易》的评价特别高,以《易》为百科全书。他说:"尽天理,斯谓之《易》。"

二程认为学者要真正理解了《易》的道理,便得益匪浅,且"学《易》可以无大过差",可以避免许多失误之处。在二程看来学《易》于"人人有用"。"圣人自有圣人用,贤人自有贤人用,众人自有众人用,学者自有学者用,君有君用,臣有臣用,无所不通。"这就是说,人们结合本身所处的客观环境、社会地位和其他一些特点学习《易》,就会"无所不通"。《易》对每个人都是有用的,上至圣人,下至众人,概莫能外。

二程认为学习各部儒家经典,首先要弄通圣人作经的目的何在。作为一种读书方法,程颐主张读书要"平其正,易其气,阙其疑",有一定借鉴意义。二程认为圣人"作经之意"只有一个,就是为了使天下人明理知"道"。圣人原是不想写什么书的,但不以经载"道",就不能使天下人明白道理,只好勉力而为之,所谓"圣人六经,皆不得已而作"。理解了圣人这一用心之后,学者读书学习,就应该将重点放在对义理的追求上。读书而不明理,等于买椟还珠。

学者治经之前提是明理识体,如果读了一辈子的圣贤书,仍不知"道"为何物,昧于义理,这样"尽治五经,亦是空言",对封建统治又有什么用途呢?这不是说学者读书不要学习文辞,但尤为重要的是学习义理。学习文辞可以增加知识,学得愈多知识也愈多,但如果不以"道"为指导,即使学得再多,也只是学,并没有真正做到"德"。只有知"道"者才能有"德","道"比"文"对学者来说显得更为根本,学者应该成为知"道"者,而不能以能"文"自许。二程说:"今之学者,歧而为三:能文者谓之文士,说经者泥为讲师,惟知道者乃儒学也。"在二程看来,"文士""讲师"都算不了什么,只有"知道者"才是学者,是应该孜孜追求的目标。

由此出发,二程认为"科举事业"应当去追求,但又不能沉溺其中。程颐说："人多说某不教人习举业，某何尝不教人习举业也？人若不习举业而望及第，却是责天理而不修人事。但举业既可以及第即已，若更去上面尽力求必得之道，是惑也。"这是说学者的主要任务是"谋道"，不能把读书学习作为进入官场的敲门砖和谋取干禄的手段。在一般情况下，学习得好，食不谋而足，禄不干而自至，但其中也有意外情况，不能绝对保证学而优则禄在其中。如果学者只考虑功名利禄，读书之志就会为其所夺，也就不可能在明理上花工夫了。

与读书明理的观点相一致，二程尤其是程颐反对学者刻意作文、潜心写诗和勤于练字。他们认为作文、写诗、练字属于玩物丧志，对明理知"道"的妨害甚大。人一旦迷溺于某一桩事情，就会置其他一切于不顾，这叫作玩物丧志。对于学者来说，整天和文字书札打交道，容易爱好书法，也喜欢使自己的作文工整。为了使字写得漂亮，文章写得好，就要花很大精力去研究其中的窍门，这就会浪费大好的光阴，影响专心致志地去探索儒道的真髓。从历史上一些著名的书法家来看，如王羲之父子、虞世南、颜真卿、柳公权等人，不能说他们都不是好人，他们当中有好人，但是从来就没有发现"善书者善道"。因此，学者不必学书法。二程认为字写得好丑，并不妨害学者知"道"，其实写字时只要保持"敬"的精神状态，字就不难写好。

程颐进一步分析了作文和学诗的害处。作文为什么"害道"？既然作文有害于道，那么，圣人作六经该如何解释呢？程颐对此却如此自圆其说，圣人并非有意于文，而六经只是作者"发胸中所蕴，自成文耳"。程颐这个说法有些混乱、矛盾。

因为六经也是文,而"凡为文,不专意则不工"的说法如果成立,其结论只能是要么六经文不工,使人不能卒读;要么圣人也昧于道理,"志局于文"。同样,孔门高足子游、子夏写的作品也是文,如果"为文亦玩物",那么子游、子夏等人也变成玩物丧志之人了。

关于学作诗,程颐也持反对的态度。他认为作诗有诗的一定格式,要使自己的诗符合这一格式,就必须用功学习,也就没有精力去研究义理了,这就和读书明理的原则发生了冲突。为了写几首五言诗,耗费一生心血,这实在划不来。程颐认为诗是没有什么实用价值的"闲言语",他的结论是学诗"甚妨事",最好是不学。他曾明确宣称:"某素不作诗,亦非是禁止不作,但不欲为此闲言语。"

程颐曾以带有总结性质的意见说:"人有三不幸,年少登高科,一不幸;席父兄之势为美官,二不幸;有高才能文章,三不幸也。"前两种不幸,从磨难更利于人才的成长和成熟这一角度考察是有道理的。因为"年少登高科",忙于官场应酬,就很少有时间静心读书,而且容易使人产生妄自尊大的心理。不是通过自己的艰苦努力,凭着真才实学去谋求官位,而是倚靠"父兄之势",充任肥缺美职,不仅政事办不好,而且也影响到对义理的刻苦探求,这确实是做学问的不幸。至于第三种不幸,则是程颐对"作文害道"命题的进一步铺陈,是与其读经明理的学习目的相呼应的。应该指出程颐片面强调学习儒家经典的重要,而否定文学艺术,视之为"害道""玩物丧志",这在理学家中也是少见的。其实,程颢也善作诗,有名作如《偶成》。程颐的后继者朱熹成为理学的集大成者,他的诗、书法、文学评论均有很高的成就。

二、教育以培养有力人才为目的

国家是靠人来治理的，人才问题关系到社会治乱、国家兴衰。二程明确指出"天下之治，由得贤也，天下不治，由失贤也"，他们痛感当时朝廷内部人才匮乏。程颐曾感叹"某见居官者百事不理会，只凭个大肚皮"。程颢和张载还专门讨论了当时宋廷内部的人才问题。程颢认为天下之士中，有些人想为朝廷出力，但才能不足，而另一些人有才，却缺乏"至诚"之心。所谓人才，必须是才和诚的统一，这才有补于世。二程认为当时天下"才能不足"，主要是由教育不兴、学校不修所致。程颐说，孔子之世，鲁国"一时贤者之众"，人才济济，不只是天生精英俱萃集于此，主要是由于孔子重视教育、培养人才的缘故。后世找不到像颜回、闵子骞这样的德行之士，并不是由于世上没有人才，只是缺乏良好的训练，人才无以成长。他的结论是"教不立，学不传，人才不期坏而自坏"。说得何其深刻！

二程又认为没有一定的教育手段和措施就会败坏人的素质，因而教育和人质至美存在内在联系，这种看法还是可取的。二程以为人的品质最终是恶还是美，不是短时期内形成的，而是长期潜移默化的结果。"天下之事，未有不由积而成……非朝夕所能成也。"任何事物的成长都有一定的发展过程，人的成长也是如此。

二程提出了"养正于蒙"的命题。认为人处于童蒙阶段，犹如一张白纸，极易受外界影响。二程认为幼儿的教育，关系到日后人的成长，不可掉以轻心。幼儿的模仿力、记忆力很强，而辨别是非、正邪的能力则较弱，因此在这个阶段，教育显得特别重要。二程认为古代人质至美的原因很多，但其中很重要的一个，就是人从幼儿阶段就"耳目游处，所见皆美"；而现在人质至恶，难以驯化，就是"自少所见皆不善，才能言便习秽恶"。

学校是教育的主要阵地，也是培养人才的重要场所。程颢在《请修学校尊师儒取士札子》中系统地说出了自己的办学方案，认为老师是学校的关键，要兴修学校，首先要保证"学之师"的质量，应该选择那些"学业大明，德义可尊者"充任。各级官员要尊崇能胜任教学的"学之师"，对那些人酬以优厚的俸禄，保证其较高的礼遇，免除他们的后顾之忧，使"学之师"能尽其才德。所有的公卿大夫子弟都要进校学习，一般老百姓子弟也应准许到有关学校去学习，其中"民之俊秀者"还可以进全国最高学府——太学深造。太学的学制一般是五年至七年，在学之士的年龄以三十岁为宜。对于超过三十岁的学生，如果"学业不成"，要视其品行才能的优劣高下而决定其处理方法，好一点的"授以笼库之任"，差一点的就罢归还乡。朝廷选择官员，必须从太学生中物色德才兼备者，各级学校在校学生实际上是朝廷公卿大夫的后备力量。这样，朝廷中"官虽冗而材不足"的问题就可以基本得到解决。

二程认为在教学过程中，必须把传统道德列为教学之首，极欣赏《中庸》提出的"修道谓之教"的观点，说"修道谓之教，岂可不修"？程颐又强调说"教人者，养其善心，则恶自消"，认为道德教育对"为人师者"来说显得更为重要，其道德教育的具体内容即所谓以义理为师，要求学者认真学习传统道德的全部理论，使之成为人们自己思想言行的原则。

二程认为，作为合格的人才，还应该学以致用，具备实际的办事能力。读书是为了学有所用，如果学习圣人经典不能处理政务，这种人即使书读得再多，也没有实际用途。程颐又说，如果庄稼看上去长得十分茂盛但不结果实，还不如秭子可充饲料；井尽管掘得很深，但是还没有掘到泉水出来，这还是一口无用的井；即使学习上有了成果，但是没有用到实际中去，那还是空的，不足为贵。这个道理也与"百工治器"相同。工人们制作器具，是因为器具有用，如果器具制造出来没有用途，工人们就不会再去制作它。同样学而无所致用，这种学习到底是为什么呢？因此，学习必须同运用结合起来，才有用处。

三、对不同的教育对象要"因材施教"

教育工作必须根据教育对象的不同特点而进行。程颐说，人与人的气质是不同的，有人天生刚强，有人则非常柔弱，这就需要在教育过程中区别对待。对天生刚强的人要"抑之"，对于柔弱的人则要"充养之"。无论是"抑之"还是"充养之"，都要根据教育对象本身的特点进行："君子之教人，或引之，或拒之，各因其所亏者，成之而已"，特别要注意从被教育对象的特长着手。一般来说，人不可能在每个方面的才能都超群拔萃，但也不会一无所长，如果从他的特长入手，就能充分发挥其才能，由此推及其他方面就比较容易了。

程颐还说："孔子教人，各因其材，有以政事入者，有以言语入者，有以德行入者。"二程认为孔子教育学生之所以收到很好的效果，重要的原因就是针对不同材质的学生实行不同的教育方法和内容。譬如有的学生可以从政，则教之以政事；有学习语言天赋的，就教之以语言；有的学生德行欠缺，教育的重点则放在培养其德行上。"因材施教"不仅要视被教育者的天赋材质来定，而且要掌握教学的深浅。程颐举例说，樊迟是孔门诸子中"最是学之浅者"，如果用很深的道理去进行教育，就很难使其领悟，只有用深入浅出的办法向其灌输最一般的道理才能奏效。因为话虽然说得比较浅近，但其中包含的道理同样是很深刻的。

二程在强调实行因材施教的同时，还对孔子"不愤不启，不悱不发"的启发式教学进行了发挥。按程颐的理解，"愤"即苦思而不得，"悱"即欲言而不达。孔子的本意是说，在教育学生时，如果学生没有经过艰苦思索而不能领悟，想表达而又表达不清楚的时候，就不要去启发他。至于为什么要这样做，孔子并没有详细说明。对于孔子这个观点，二程是这样理解的：如果不让学生经过思索就直接告诉他现成的答案，这种"知"对于学生来说是不巩固的。只有经过艰苦的思索而求得的"知"才有生命力。但是程颐又认为这种启发式对于初学者并不完全适用，因为初学者这时什么都不懂，没有可供思索的基础，因而必须一开始就进行正确引导。如其不然，非但对初学者不利，而且也禁锢了学生勤学好问的想法。

在实际启发教学时，还应该注意什么呢？二程说"先传后倦,君子教人有序,先传以小者,近者,而后教以大者,远者",认为对于无知或知之甚少的初学者,他们开始接受不了一些深奥难懂的知识,只能先教之以浅显易懂的知识,在此基础上,逐步加深教学内容。所谓"先传小者,近者",并不等于不传以"大者,远者",而是要遵循循序渐进的教育方针。二程的这个观点也符合教育规律,是值得肯定的。

四、学习重在"自得"

二程充分肯定学习的重要性。程颢说读书人的学习好像农民种地,农夫一天不耕作,就无粮食,要吃饭就得不停地辛勤劳作。这种情况和学者读书相似,对于任何有志于学的人来说,是一天也不能停止学习的。停止学习,就意味着生命力的衰老,所谓"不学便老则衰"。人在青少年时读书是最重要的,因为这是人生的黄金时代,应该充分珍惜,但这并不是说老年人可以不读书了,恰恰相反,老年人读书也十分重要。如果因为人老了就不去学习,那就只能永远停留在无知的状态。孔子说过,人活在世上的日子无论长短,关键在于是否知"道"。学而知"道",即使朝知夕死也值得。从这个意义上说,老年学习,总比始终不知强得多。

学习是极为重要、极为广大的事业,既需要勇于探索,又需要长期打算。程颢说:"人之学不进,只是不勇。"所谓"勇",有两层意思。

其一,要分秒必争,有一种紧迫感。程颐说,孔子是生而知之的圣人,尚且有一种"学如不及,犹恐失之"的迫切感,至于其他人就更应该抓紧时间刻苦学习。在学习问题上，优哉游哉的态度是极其有害的，任何一个人如果放松今日而推诿明天，在学习上产生松懈情绪，这也是一种自暴自弃的表现，所谓"懈怠一生，便是自暴自弃"。

其二，要敢于知难而进。二程说"学习不能避其所难"，而就其所易。程颐有一个比喻：学习如同登山，如果只在平坦之处阔步前进，到了险峻处便畏缩不前，就永远达不了顶峰，享受不到成功的喜悦。

学习贵在持之以恒。程颐批评了那些才读几天书就希望成为无所不知的圣贤的人。从道理上说，每个人都可以通过学习而最终成为圣人，但是众人和圣人中间的距离毕竟太大了，中间"有多少般数"，必须通过"驯致渐进"的工夫，才能稳步达到目的，在这个问题上来不得半点小聪明，必须狠下工夫。世界上最后取得成功的，往往不是那些天资聪颖的人，而是一些反应迟钝的人。"学者要学得不错，须是学颜子""参也，竟以鲁得之"。颜回和曾参从天资上说都不聪明，然而颜回最得孔子赏识，曾参对扩大孔学的影响作出了较为突出的贡献，关键在于他们扎实地刻苦学习。程颐又说："学欲速不得，然亦不可怠，才有欲速之心，便不是学。学是至广大的事，岂可以迫切之心为之？"学习须有恒心，急于求成的想法是有害的。

学习要专心致志，三心二意是不可能学到任何东西的。程颐说，学习是为了提高自己，做到"内定"。如果为了图虚名而学习，就会以出名为学习的唯一目标，一旦出名了，他就再也不会用功学习了。为名和为利，虽有"清浊"之分，但本质上是一致的，因此为名而学的人与"市井闾巷之人"为利而奔走,是没有什么区别的。这里又涉及才与德、名与实、文与质的关系。当然这里说的"德""实""质"都有其明确的规定性,是对道重于文观点的复述。

学习贵在自得。程颐说:"学莫贵于自得,得非外也,故曰自得。"二程指出如果不变书本知识为己有,就没有真正达到提高、充实自己的目的。只有自得了,才算真正掌握了"知"。自得的途径是什么呢?在于默识心通。程颐这段话流露了"上智者"不学而知的情绪,这是错误的。但是他认为仅是"闻而知之",即听说了某一道理还不能算是掌握了知识,只有做到"默识心通",即心领神会,才算有得,这倒是可取的。程颢又提出了自得标准是以读书为乐:仅仅是好读书,只不过如游他人之园圃,尚未曾变书本知识为自己的东西。唯有以读书为乐,方能变书本知识为"己物"。

五、深思为学问之源

二程是治学严谨的学者,他们在长期治学过程中积累了丰富的治学经验,虽然这些经验受其教育目的限制而有一定的局限性,然而就其总的倾向来看,则是二程教育思想的精华所在。

首先,二程认为学者立志要宏大。

程颐说:"有求为圣人之志,然后可与共学。"普通的士人只要自己勤奋学习就可以最终成为圣人那样的人。"人皆可以至圣人,而君子之学必至于圣人而后已。不至于圣人而后已者,皆自弃也。"所谓君子之学,就是一定要以圣人作为自己的进取目标，如果妄自菲薄，以为自己永远不能达到圣人的高度，这就是自暴自弃。程颐进一步指出，如果立志成为学者，就要力图使自己成为"第一等"的学者，以明道成圣为目标，这样才能激发学习热情。如果以第二等为满足，自甘落后，是不可能站在学业的顶峰的。因此，如果"自谓不能者"是"自贼（害）"，谓人之不能者是"贼（害）人"。吕希哲曾这样总结二程的学说："二程之学，以圣人为必可学而至，而己必欲学而至于圣人。"这一说法与二程之学的实际颇相符合。

其次，学者应该博学多识，才能取得更大成就。

二程认为学者必须博学，如不博学，应引以为耻。学者雪耻的唯一办法是"自勉"，千万不能因为自己的无能而去"嫉人之能"，也不能不懂装懂，掩盖自己的"不能"。关于博与约的关系，程颐认为，学者既要博学多识，又要能抓住关键，就某一个问题进行深入研究。博和约是统一的，博是约的前提，约是博的延续和发展。如果没有博学作基础，守约就成为一句空话。"学不博者不能守约"，同样，不能守约，博就容易流于滥。只有守约才能期于精而有功，所谓"君子之学贵一，一则明，明则有功"。这里说的"一"，义近"约"。简言之，学者既要博学多识，又必须守约贵一，二者缺一不可。

读书学习要善于思索，才能领会其中之精义。二程曾明确地指出："学原于思""为学之道，必本于思，思则得之，不思则不得之""不思故有惑"。二程认为学习的关键在于思考，"不思"是无法真正掌握学问的。只有勤于思考，才能破难解惑，牢固地掌握所学的知识。程颢指出："读书要玩味。"所谓"玩味"，就是体味书之真谛。程颐则说："不深思则不能造其学，或曰：学者亦有思而得者乎？子曰：漠然未尝思，自以为得之，未之有也。"这是说世界上从来没有不经过艰苦思索而能掌握的学问，那种"漠然未尝思，自以为得之"的说法是没有根据的。而要"思"，则必须聚精会神："人之智思，因神以发。智短思敝，神不会也。"二程的这些见解是对的。

孟子曾说："尽信《书》，则不如无《书》。"二程继承了这一观点，指出"学者要先会疑"。其理由是现在流传的经典有不少讹误。这就是说，孟子之时，关于"班爵禄之制"已经不知道详细情况了，而现在距先王的时代更加久远，尤其是原来的经典经过秦始皇的火焚，大都残缺不全，现在的这些书籍是火劫中残留之物，和本来面目已有不同，又加上汉儒的附会穿凿，其可信程度更成问题。这样在读书学习过程中，不能一字一句去理解，如果不从总体上去理解儒家经典，就会"字字相梗"。

程颐说："凡观书，不可以相类泥其义，不尔则字字相梗，当观其文势上下之意。"由此，二程提出了"善学者，要不为文字所梏"的观点，并指出："今之学者有三弊：一溺于文章，二牵于训诂，三惑于异端。"这里说的"牵于训诂"，主要是针对汉儒的章句训诂之学。二程认为正确的读书方法，首先是求通晓文义，"凡看文字，先须晓其文义，然后可求其意；未有文义不晓而见意者也"。二程还指出，"穷义理"固然要从经籍入手，但一味依靠、迷信书本也是错误的。

二程认为学者要敢于怀疑，但独自怀疑还不如和另外的学者相互讨论，提出了"疑甚不如剧论"的命题。他们认为学者之间的"剧论"（热烈讨论）是不可少的，这是因为对任何人来说，都有所长，亦有所短，"剧论"可以取长补短，相互发明。二程以学射为例，说明学习上相互切磋的意义，"学射者互相点检病痛"。射箭，要相互"点检病痛"，箭艺才会提高。学习任何其他科目都是如此，学习离不开相互之间的"问"，"问"的过程就是向别人请教的过程。学者要有随时请教别人的勇气和习惯。

"耻不知而不问，终于不知而已。"学习犹如逆水行舟，不进则退。二程提出了日新月进的观点，认为"君子之学必日新，日新者日进也。不日新者必日退，未有进而不退者"。所谓"日新"，就是每天要学习新知识，只有用新知识充实自己，才有提高，才会获得更大的成就。"学者求有益，须是日新。"学者要想"日新"，就不能安于现状。

二程认为安于现状是胸无大志的表现，就其实质来说是"无所得"。要不断扩充知识，追求进步，就不能"少有得而遂安"。而妨碍日新月进的最大弊病是骄傲自满。程颐指出："自夸者近刑，自喜者不进，自大者去道远。"他认为真正学问高深的知"道"者，永远不会"自夸""自喜""自大"。有一点学问就沾沾自喜的"自大"者，是永远不会到达知识的光辉顶点——知"道"的。世界上只有不自大者才有希望得到大学问，"不见其大，便大"。二程坚决反对以学问骄人的错误态度。"富贵骄人，固不善，学问骄人，害亦不细。"他们认为那种倚仗富贵而盛气凌人的做法是不对的。同样，有一点知识就看不起人，也为害不浅，一是妨害自己日新月进，二是得不到别人的指点。程颐又说，无论怎样"多能"，总有"不能"之处。相反，"不能"者总有"能"处，"寡"者亦有"多"时。

后世学者之所以不能成为圣贤，也就在于"有一善而自足"，停留在一知半解的状态之中。程颢说："人须知自谦之道，自谦者无不足也。"这是对"虚受益，满招损"观点的发挥，同时也是二程治学的经验之谈。人不能"自足""自喜""自夸"，但必须自信。程颐说："信有二般：有信人者，有自信者。"二程认为，学者首先要相信师说，但这不是最后目标，因为仅仅相信师说，还只是知其然，不知其所以然。只有完成从信人到自信的过渡，才算做到日新月进。至此，所学的知识，无论在什么情况下都不会动摇。不自足与自信对于日新月进来说是相辅相成的，二者缺一不可。

六、对佛教和道家思想的批判和汲取

从北宋开国之初到二程时代，佛学虽不及隋唐时期那样炽烈，但还相当盛行。二程认为问题的严重性倒不在于平民的崇教立像，而是士大夫、学者名流溺迷佛教，对佛理表现了浓厚的兴趣，他们往往以谈禅为乐，企求归宿于佛学。为此，二程以辟佛为己任。而对于道教，二程亦明确表示反对，他们以佛老并称，不肯放过，道、佛都在力辟之列。然而由于道家已趋向没落，其影响没有佛教广大，所以二程认为不必为批判道家耗费更多的精力，注意力应集中于辟佛上。

从表面上看，二程似乎对佛、老痛恶之至，然而，二程和当时的士人一样，亦无例外地受到佛教的影响。纵观二程理学体系，其中有不少佛、老的基因。程颐说程颢自小"泛滥于诸家，出入于老、释者几十年，返求诸六经而后得之"。而程颐自己从小也喜欢与禅客交谈佛理，"先生少时，多与禅客语，欲观其所学浅深，后来更不问"。事实上，二程没有忽视佛、老理论的价值，所谓"异教之书，虽小道，必有可观者焉"。二程认为佛、老之说虽是异端，但其中也多少见到了一点"道体"，不过有些歪路子没有圣人看问题全面。程颐打了一比方说："佛教是坐井观天，圣人是平野视天。"佛教将天看小了，比不上圣人视野广阔。尽管如此，"谓他不见天不得，只是不广大"。基于这种认识，二程对后世佛教徒攻讦不遗余力，然而对佛祖本人的批评是有分寸的，认为释迦佛祖是"胡人之贤智者"，是应该尊敬的。史称程颢对佛祖之像参拜甚恭。

和同时代士大夫相比，二程作为辟佛甚力者，多是着眼于政治伦理方面，同时又确确实实是撷取佛教理论甚多之人。理学之所以能创立，离开了佛、老之学所提供的理论启示，就不可能建立这样博大精深的思想体系。只要细心观察，就不难发现这种痕迹。程氏门人谢良佐曾说："吾曾历举佛说与吾儒同处，问伊川先生，先生曰：'恁地同处虽多，只是本领不足，一齐差却。'"程颐虽然企图使自己的理学与佛教划清界限，然而却无法否认"同处虽多"的事实，这是二程面临的难题。因此，当门徒问他们如何破佛时，他们就难以正面回答。他们经常这样说："佛之道是也，其迹非也……然吾攻其迹耳。其道，则吾不知也。"他们认为佛学理论（佛道）是可以肯定的，但佛教所实行的有悖于伦理人情的事实（迹）是应该反对的。因此他们强调不要和佛教在理论上争高低，否则弄不好反而被佛学牵着鼻子走，有"则其说未能穷，固已化而为佛矣"的危险。

二程认为佛教的最大弊端是毁人伦。《二程遗书》上曾记载这样一段故事：一僧之父皈依佛门之后，子为师祖，父为师孙。按照佛门规矩，父要参拜子，儿子觉得有所不便，免去其父参拜礼，从此避而不见。二程认为这是忤悖父子之分。从儒家的伦理原则看，子要早晚省其父，不能避而不见，更不能父拜子。这就有矛盾，定父子之分就破坏佛门之规，要遵循佛规就毁父子人伦，二者不可兼全。对于佛教不讲父子之分的行为，二程深恶痛绝，指出佛教为了摆脱君臣、父子、夫妇、兄弟这些人伦和应尽之本分，而倡出世出家说，实属错悖。"至于出世之说"，就更讲不通了。"至于世，则怎生出得，既道出世，除是不戴皇天，不履后土始得，然又却渴饮而饥食，戴天而履地。"生活在世界上的人要想"出世"，纯属自欺欺人之谈。二程批判佛教的主要动机是因为佛教徒不尽君臣、父子、夫妇之道，不利于维持封建伦常，然而二程在否定佛教出世之说的过程中，包含了积极的社会意义。

应该指出，从政治伦理角度批判佛、老，并非自二程始，唐代韩愈在这方面是很骁勇的，仅此一点，二程并未超越韩愈。二程比韩愈的高明之处在于他们除了政治伦理的批判之外，还从理论思维方面对佛、老进行了较为深刻的批判，闪烁出可贵的辩证思维的火花，他们也从佛、老之学中汲取了部分思维理论。

二程首先批判了道家庄周提出的相对主义的"齐物论"。他们认为世界万物之间的差异是客观存在的，批判庄子的"齐物论"取消了客观事物存在的差异性，指出"物之不齐，物之情也"。

其次，二程着力批判了佛教宣扬的住空、无常、虚幻论。程颐认为事物永远处于运动变化之中，从来没有不运动、不变化的事物。事物既有成长壮大的过程，也必定有衰败的死亡的过程，却没有"住"的阶段。所谓"住"只是说事物在兴盛时有一个稳定阶段，但这不是真正的"住"，不过是运动变化不太显著罢了，"天下之物，无有住者"。以人而言，一生下来，天天在长，又何尝有住，形体一天天长大，活的天数一天天减少，两者是不矛盾的。既不能让生命停止运动，常住于某个阶段，又不能把事物的成坏现象归结为"空"。说事物成坏是对的，但不能由此引申出"住空"的结论。二程从事物运动变化的观点出发，认为人有生必有死，树有华亦有枯，物有始定有终，这是天地间的规律（常理）。世界上绝没有长生不死之人，常华不枯之树，有成无坏之物，释教竟把人死、树枯、物坏归之于"无常"，而要去追求什么另外"常"的境界，这是荒谬的，殊不知这种"无常"才是有常，"无常乃所以为常也"。

二程还指出物之生死成坏是客观的、真实的，不容有任何怀疑，蔑之为"虚幻"。二程反对佛氏将人生归结为幻，其积极意义不析自明。由此出发，二程深刻地批判了佛教的生死观。他们说："佛学只是以生死恐动人。"佛教以生死恐吓人，是因为他们本身怕死，所以才力图"免生死"，而圣贤认为生死是寻常本分事，没有什么可怕，才不谈生死。二程赞成对生死采取达观的态度，"人之终尽，如鼓缶而歌"。"鼓缶"一说见于庄周，但在庄子那里表现为无可奈何的消极悲观情绪。二程赞成"鼓缶"，则是因为对生死知常达观，"胸中莹然无疑"。这些观点包含了较为深刻的哲理，具有一定的科学性。

佛、道为了"欺诈天下",编造了大量的鬼神说。因此,二程的锋芒也指向于此。程颐明确指出:"释氏与道家鬼神甚可笑,道家狂妄尤其。"他们认为世界上绝没有能祸福于人的鬼神,鬼神之说都是以讹传讹,恍恍惚惚,谁也没有亲自"闻见",但那些糊涂的人却把道听途说当作真的有那么一回事。即使"实所闻见",也不过是"心病""目病"所致,不足为恐。这不仅具有无神论的因素,而且在认识论上也有合理的地方。

二程还批判了道家的神仙说,明确地指出道家平时所宣扬的白日飞升的神仙是没有的,但是居住在山林之中,无忧无虑,可以延长寿命则是有的。好比炉火置在风头上,火势一旺,就容易成灰,而置于密室之中,火势较弱,时间就相对长些。他们用这个比喻来比之人的延年益寿未必确切,不过这里却排除了迷信色彩,还是可取的。

关于卜筮,二程也进行了批判。依照卜筮阴阳的说法,太白星在西,人不可西行,又如第一天是忌日,次日便不忌了。程颐对此反驳说,太白在西,难道住在东边的人都不能西行?又如第一天忌,第二天便不忌,难道太白已转移了么?如果真是如此,太白神也太辛苦了,"如使太白一人为之,则鬼神亦劳矣"。二程指出人们之所以相信卜筮,乃是由于将偶然巧合的事看成是冥冥之中鬼使神差的必定之事,"大抵人多记其偶中耳"。程颐的这个反驳颇有逻辑力量。

限于科学和时代的局限,古人认为成梦的原因十分神秘,往往把它和鬼神说扯在一起。对于这个问题,二程也发表了很好的意见。二程对梦的成因的解说并没有把梦神秘化,认为所谓梦不过是原先有这种事的相感而成。这种说法具有唯物论因素。

二程不信鬼神，认为这是佛、老恐动人的伎俩，不足为信。但是二程却又不主张公开宣扬无神论，相反他们觉得还可以利用鬼神"祸福之说"去吓唬老百姓，使其"畏惧修省"。他们说："经德不回，乃教上等人。祸福之说使中人以下知畏惧修省，亦自然之理耳。"这就清楚地表明二程为了维护封建统治而有意不和鬼神论划清界限，冲淡了自己批判的力度。然而他们又对佛教的地狱说提出异议，认为佛教编造地狱之苦可以使人恐怖畏惧，却不能使人甘心为善，这种观点又与前面说的"祸福之说使中人以下知畏惧修省"实为矛盾。作为哲人，他们反对鬼神说；作为封建卫道士，他们又不得不与鬼神说妥协。类似这种矛盾，贯穿于二程整个理学体系，这是难以克服的。

结束语
——二程洛学的后世影响

程颢、程颐的理学思想经过朱熹的发扬光大,世称程朱理学,逐渐成为中国封建社会后期占据统治地位的官方哲学,影响达八个世纪之久。二程作为理学的奠基者,又是洛学学派的创立者,他们究竟在中华文化发展史上起何种作用,对后世的正面及负面的影响如何?二程理学思想的积极历史贡献和对后世正面的文化影响主要有三点。

第一,疑古求新。以二程为首的洛学学派,在宋代疑古疑经的思潮中起着主力军的作用,力求从传统儒经句训章诂之学的教条禁锢中摆脱出来,主张独创精神,不盲目崇拜权威,强调"学者须要自信",既对传统的东西不全信而有所存疑,而更重视对疑难问题进行新的探索,"疑甚不如剧论",给传统儒学文化输入新的内容,建立了系统、完整的新儒家思想体系。二程这种疑古求新的思想为南宋朱熹、吕祖谦等人所继承,也为明清之际启蒙思想家王夫之、黄宗羲等人所发扬。这革故求新的思想也正是我们中华民族文化精神的表现。

第二，人存性理。二程哲学思想的核心是"理"，"理"是世界的本原，人和物质都是"理"的体现者。他们又说"性即是理也"，理、性是世界的最高实体。"然人只要存个性理"，也就是说人之所以为人就在于人有理性，失去理性便是禽兽。二程理学的重点便是论述为人之道，讲人的自觉性。朱熹为此而进一步阐述，认为人之所以为人，乃是决定于人的道德价值："人之所以得名，以其仁也……言人而不言仁，则人不过一块血肉耳。"二程将人的定义归之为"存个性理"，发扬了儒家传统的人学思想，提高了人的价值观念。抗元英雄文天祥、著名清官海瑞，皆受这种思想所熏陶。

第三，民可明也。二程主张文化启蒙，反对愚民政策，觉察到统治者实行"愚民""强（强制）民""欺民"都是行不通的，强调把"教化"列为当务之急，认为教育事业关系国家政事的根本，社会道德风气的形成，提倡"修学校，重师儒"，为宋明时期的书院林立、讲学盛行起着倡导的作用，也对明清之际的启蒙思想家和近代进步人士提倡开发民智以一定的影响。二程虽讲"忠君"思想，但是他们还是重视"民为邦本"，不能"尊君太过"，"民"应有其一定的独立人格。他们创造性地发展了儒家传统的人本思想，提倡人的主观进取精神，这种传统的民本思想亦为后世的进步思想家所继承。

然而，二程的理学思想对后世同样也有严重的负面影响。二程理学提出"天下只有一个理"，用哲理的形式来论证封建制度万古不易的道理存在，加强和巩固封建的等级制，尤其表现了对妇女的鄙视，反对妇女夫死改嫁，竟说"饿死事极小，失节事极大"。后来的封建卫道者在推行礼教过程中，妇女们受害最深，到处林立的节女、烈女的牌坊就是她们成为封建礼教牺牲品的见证。程朱理学成为官方哲学之后，封建统治者宣称自己的意志便是天理。二程曾说过"理与己一""己便是尺度"，这还不过是在哲学意义的范围之内，可是封建统治者将"理"与权力相结合，这就使"理"成为对人民的"残杀之具"。清代戴震在揭露那些"尊者""长者"崇奉程朱理学的本质时，指出"人死于法，犹有怜之者，死于理其谁怜之"。"理"超越法，死于理，"以理杀人"。反帝反封建的"五四"运动时期提出"打倒孔家店"的口号，其所批判的对象主要包括了被封建统治者所利用的程朱理学。

二程偏重于封建伦理道德的教育，忽视自然科学和文学艺术的发展，认为去了解自然科学的知识和文学艺术的创作活动都是"玩物丧志"，是有害于"道"的，其所表现的迂腐之见是不利于中国古代科技、艺术的发展的。而朱熹却弥补了二程思想这方面的缺陷，他在"穷道理"的过程中，对自然界物理生物等现象作了探究，在文学艺术方面也有较高的造诣，"致广大，尽精微"，成为中国文化史上的巨人，对后世的影响乃是二程所不能及的。

蒙元统治时代，程朱理学受到尊崇，程颢、程颐也成为从祀孔子庙廷的贤哲，理学实际上成了蒙汉地主阶级联合政权的主导思想，正如全祖望所说的"有元立国，无可称者，惟学术（主要指理学）尚未替""洛、闽之沾溉者宏"。元代的理学一方面是蒙汉地主阶级统治人民的思想工具，另一方面也可以说，元时期理学在一定程度上发挥了挽救汉民族文化危机，亦起促进中华民族团结和融洽的功效。元末朱元璋起义抗元胜利，结束了九十八年的蒙元统治而建立明王朝。明初统治者尊崇程朱理学，虽然明代中期有王阳明心学的兴起，但是程朱理学仍被统治者定为"正学"。直至清代，程朱理学都被统治者作为统治工具，故云"程朱之言，亦'六经''语''孟'之言也"。程朱的言论被当作至高的教条和"万世准则"，成为禁锢人民头脑、长期奴役人民的精神锁链。以上可说是程朱理学在历史上所造成的消极的负面的影响。但应指出，二程理学（包括朱熹）本身和它被统治者利用后而成为教条这两者之间是应该有所区别的。

程朱理学最早传入国外的首先是日本，通过中日往来，日本僧人园尔（1202~1280）等将大量理学书籍主要包括二程、朱熹的著作带回日本，从此日本理学的研究者络绎不绝。至16世纪的德川幕府时代，程朱思想成为日本思想领域中的主流。16世纪朝鲜的李朝时代有李滉（退溪）传播程朱理学，撰《朱子书节要》，使其朝野上下接触程朱理学，影响颇大。而程朱理学传入欧洲则是17世纪之时，当时西方耶稣会的传教士欲以西方的神学与中国的理学结合，以求适合中国的国情，达到更好的传教之目的。近现代欧洲研究程朱理学的不乏其人，他们追慕中国传统道德思想，并企望以此来补救西方工业文明所带来的社会弊端。他们主要是将程朱理学的书籍译成德、英、法等国文字而传入西欧。抗战时期，冯友兰继承和发展程朱理学并融入西方实在论，从而建立"新理学"的哲学体系。冯友兰由此成为现代新儒学的主要代表人物之一，曾在国内外起了重大的影响。

至于二程的理欲之辨对后世的影响的好坏问题，亦不可一概而论，应作具体分析。二程曾错误地将人们的物质欲望视为同道德相对立的东西，"蔽于人欲则忘天德"，把人们的正当物质要求的"欲"同贪得无厌的"欲"混同起来。正如清人焦循所指出的那样："程朱舍情而言善，舍欲而求仁，舍才以明道。"程朱"存理灭欲"言论曾被元、明、清的统治者用来作为镇压进步人士的工具，也曾被社会上无耻的御用文人借用来伪装自己，成为"口谈仁义，心存富贵""披服儒雅，而行若狗彘"的"说假话""做假事"的"假人"（明李贽语）。二程所谓的理欲之辨在当时也还有积极的一面。他们揭露和批判那些封建统治者为了"满其所欲"而"诛剥于民""竭民膏血"，这些统治者"交骛于利""日志于富侈"，过着穷奢极侈的生活。这种对封建社会黑暗的鞭挞是有进步意义的，对后世亦起着"明鉴"的作用。二程主张"正心窒欲"，提倡"主敬"的内省工夫，时刻注意道德上的自戒约束。从对个人道德修养来说，用道德自律克制私欲的恶性发展是值得肯定的。历史上也有过不少品德高尚的志士仁人，他们曾认真通过生活实践和道德修养的途径达到崇高道德的境界。但是任何事情，一旦流于形式，就会变成虚伪的东西而自欺欺人，危害甚大。二程理学"以理克欲"的观点，如果"欲"是指"求自益以损于人""交骛于利"，这种"欲"就是损人利己，唯利是图。我们今天仍然要讲以理克欲，使我们的社会能健康发展。

附 录

年 谱

1032 年（明道元年） 程颢生于黄陂（今湖南黄陂县）。是年其父程珦任黄陂县尉，任满未调遣。

1033 年（明道二年） 程颐生于黄陂。

1041 年（庆历元年） 程颢"数岁，诵诗书，强记过人，十岁能为诗赋"。

1046 年（庆历六年） 程珦令二程兄弟拜周敦颐为师。

1049 年（皇祐元年） 程颐自谓十七八岁读《论语》时"已晓文义，读之愈久，但觉意味深长"。同年，他在《上仁宗皇帝书》中劝仁宗"以王道为心，以生民为念，黜出俗之论，期非常之功"未被采纳，闲游太学。

1055 年（至和二年） 程珦任凤州（今陕西凤县）知事，二程随父至凤州。

1057 年（嘉祐二年） 程颢中进士，次年调任鄠县（今陕西户县北）主簿，在任期间颇有政绩。

1059 年（嘉祐四年） 程颢仍任鄠县主簿，写《偶成》诗。程颐参加进士考试，而廷试不中，随后不再应试。

1060 年（嘉祐五年） 程颢由鄠县主簿调任江宁府上元县主簿。时上元县令罢去，程颢摄邑事，治政有方，修水利，救灾民，断民狱。

1065 年（治平二年） 程颢任晋城令，任内着力办学兴教，使"诸乡皆有校"。暇时"亲至"讲学，"儿童所读书，亲为正句读"。还为地方改革陋俗，理财富民。

1066年（治平三年）　程颢仍任晋城令。《晋城县令题名记》提出今后凡在晋城当过县令的，都要按岁月的先后记录下他们在职期间的是非功过，留下档案作为历史的经验教训，引以为戒。

1067年（治平四年）　程颢晋城令任期已满，改任著作佐郎。宋英宗崩，宋神宗即位。程颐代父亲程珦撰《上神宗皇帝论薄葬书》。

1068年（熙宁元年）　程颢提出"治天下以正风俗，得贤才为本"，主张考选贤能，"量才所堪，能者在职"。

1069年（熙宁二年）　擢升太子中允。王安石为参知政事，以苏辙、程颢为属官。王安石将行新法，奏请程颢、苏辙等到各地视察农田、水利、赋役等所推行新政的情况。程颢逐渐与王安石政见上发生分歧。写《论十事札子》，论述了三代之治不可改，先王之法不可变的道理，提出"必法先王"的路线。程颐仍在汉州（四川）。张载在京师曾数次致书程颐，讨论心气关系展开的修养论问题，各有不同看法。

1070年（熙宁三年）　程颢与王安石"意多不合"，数月之间"章疏十上"。宋神宗不采纳他的意见，改任金书镇宁军节度判官。程颐仍在汉州。

1072年（熙宁五年）　程颐随父从汉州回洛阳居住、讲学。

1074年（熙宁七年）　程颢因监西京洛河竹木务，居洛阳一年多，与被罢官的吕公著、司马光往来密切，一起饮酒咏诗，议论时政，批评王安石新政及其新学。程颐也居住洛阳，访问邵雍。邵雍与之相论天地万物之理，程颐为之赞叹。

1078年（元丰元年）　程颢知扶沟县。程颐侍父同往扶沟，居住数月。二程皆以倡明道学为己任。

1079年（元丰二年）　程颢仍知扶沟县事，蓝田吕大临学于二程。二程宣称"理"的普遍性、永恒性，论断"万物皆只是一个天理"。程颢还著述著名的《识仁篇》。

1080年（元丰三年）　扶沟地势卑下，几乎每年都有水旱灾。程颢策划以"沟洫之法以治之"，未及动工，就被调走。程颐入关中讲学，提出"不是天理，便是私欲"。

1081年（元丰四年）　二程寓居颍昌，侍奉其父。杨时以师礼见二程于颍昌，游定夫、谢良佐亦随从学之。

1082年（元丰五年）　二程皆居洛阳讲学。

1085年（元丰八年）　三月，宋神宗崩，宋哲宗嗣位，太后临朝。六月，朝廷召程颢为宗正寺丞，未行，病卒，享年五十四岁。

1086年（元祐元年）　程颐授宣德秘书省校书郎，经司马光推荐为通直郎、崇政殿说书。九月，司马光卒，程颐奉命主其丧事。

1087年（元祐二年）　程颐自元祐元年任讲官以来，拘礼自守，议论褒贬，无所顾忌。归其门者甚盛，然树敌亦众。遭弹劾，罢崇政殿说书，乃差管勾西京国子监，受命就职。

1088年（元祐三年）　判西京国子监。

1090年（元祐五年）　程珦病故于西京国子监公舍，享年八十五岁。

1094年（绍圣元年）　春，宋哲宗亲政。复授程颐直秘阁判西京国子监，程颐再辞不受。

1096年（绍圣三年）　程颐与杨时讨论张载的《西铭》之作，称："《西铭》之为书，推理以存义，扩前圣所未发，与孟子性善养气之论同功。"

1097年（绍圣四年）　二月，党论起，程颐被牵连，追毁出身以来文字，放归田里。十一月，诏遣程颐涪州编管，过流放生活。

1098年（元符元年）　在涪州。

1099年（元符二年）　元月，写成《周易程氏传》，并作《易传序》。

1100年（元符三年）　正月，宋哲宗崩，宋徽宗立。程颐移峡州。十月，官复通直郎，权西京国子监。

1103年（崇宁二年）　作《春秋传序》，时学禁方兴，被诬"邪说陂行"。

程颐于是居龙门之南，谢绝四方学者来访，说"尊所闻，行所知，可矣，不必及吾门也"。被列入元祐奸党九十八人之中。诏书连下，有诏"以元祐政事聚徒传授者，必罚无赦"。

1104 年（崇宁三年）　"罗从彦闻先生（程颐）说《易》其善"，特卖掉自家田地，到洛阳见程颐。

1105 年（崇宁四年）　程颐离龙门山，到伊川鸣皋讲学。

1107 年（大观元年）　程颐七十五岁，卒。

二程著作简介

《二程遗书》二十五卷　这是二程的弟子记载二程平时的言行而成，其中言论居多。可能是由于门徒们分头整理的缘故，其中若干条语录重复出现。从第一卷到第十卷，只有少数条目下面注明了伊川或明道的字样，大多数条目没有说明记载的是何人之言行；从第十一卷到十四卷标明是明道语录，从第十五卷到第二十五卷标明是伊川语录。《二程遗书》早在宋代就曾单独刊出。

《二程外书》十二卷　这是对《二程遗书》的补编或续编。据朱熹说，《二程外书》的材料来源比较芜杂，因而其可靠性相对《二程遗书》来说可能差些，特称之为《二程外书》。不过《二程外书》所记载的材料是与《二程遗书》互为补充的，其中有不少材料不见于《二程遗书》，或者《二程遗书》记载过于简略，而《二程外书》特作充实，使人了解其原委。《二程外书》基本上没有把程颢和程颐分别开来记载，只有少数语录标明是明道或伊川所说。《二程外书》在宋代也单独刊行过。

《程氏经说》八卷　这是对儒家部分经典的解说或发挥。除了程颢对《大学》进行过部分解说外，其余多数是程颐所作，但也反映了程颢在这些问题上的见解。

《周易程氏传》四卷　这是程颐在编管涪州时写的，在诠释《周易》

中多发挥自己的见解。这是程颐一生用力最多的著作。据《二程外书》记载："门弟子请问《周易》事，虽有一字之疑，伊川必再三喻之，盖其潜心甚久，未尝容易下一字也。"程颐直到临死之前才将其授以尹焞、张绎等大弟子，平时不肯轻易示人。这可以看作程颐思想的代表作。尹焞曾说："先生平生用意，惟在易传，求先生之学，观此足矣。"在尹焞看来，《周易程氏传》的价值大大超过了《二程遗书》和《二程外书》等其他著作。《周易程氏传》全面地反映了程颐的学术观点，其中虽然充斥着封建伦理道德的教条，但也洋溢着大量的丰富的辩证法因素，是一部很有学术价值的著作。

《二程语录》之类，出于学者所记，所见有浅深，故所记有工拙，盖无能无失也。

《二程粹言》二卷　是二程弟子杨时"变语录而文之"，即用书面语言在保证原来文义和风格的基础上，将二程语录加以改变而成，后来由张栻重新编定刊行于世。

二程的著作，宋代以来，单行本和合刻的很多。1980年，中华书局参照多种版本，择善而从，将二程的全部著作以《二程集》为书名编印出版。

朝鲜李朝后期思想家宋时烈（1607~1689）将《二程全书》按类重新编辑为《程书分类》，为深入研究二程思想提供了方便。此书已于2007年由上海辞书出版社出版。